Nicolas Wolz (Text)
Kristina Ahrens (Fotos)

W0173558

Der Ausflug in die Geschichte Hessens

Eine Reise durch zwölf Jahrhunderte

SOCIETÄTS**VERLAG**

Alle Rechte vorbehalten • Societäts-Verlag
© 2008 Frankfurter Societäts-Druckerei GmbH
© Alle Rechte vorbehalten. Frankfurter Allgemeine Zeitung
GmbH, Frankfurt. Zur Verfügung gestellt vom Frankfurter
Allgemeine Archiv, bei folgenden Texten:
S. 54, 74, 86, 96, 124
Karte Seite 166: Kartographie Peh/Schefcik, Eppelheim
Satz: Nicole Proba, Societäts-Verlag
Druck und Verarbeitung: Messedruck Leipzig GmbH
Umschlaggestaltung: Katja Holst, Frankfurt am Main
Printed in Germany 2008

ISBN 978-3-7973-1068-2

Inhalt

VORWORT

Hessen ist ein Land mit bewegter Vergangenheit. So, wie wir es heute kennen, existiert es erst seit dem Ende des Zweiten Weltkriegs. In den Jahrhunderten davor war Hessen aufgeteilt in viele kleine und größere Fürstentümer, Grafschaften, Reichsabteien, Fürstbistümer und freie Städte. Ein weitgehend einheitliches Staatsgebilde wie zum Beispiel Bayern oder Sachsen war Hessen nie. Immer wieder kam es zu Erbstreitigkeiten zwischen den einzelnen Adelshäusern, die nicht selten bis zum Krieg führten. Auch konfessionelle Gegensätze verhinderten ein engeres Zusammenrücken der Teilreiche. Schließlich nutzten mächtige Könige und Kaiser das strategisch günstig in der Mitte Deutschlands gelegene Hessen allzu oft als Aufmarsch- und Durchzugsgebiet für ihre Armeen – mit zum Teil verheerenden Folgen. Erst im 19. Jahrhundert kam mit der Entstehung des Kurfürstentums Hessen(-Kassel), das später zur preußischen Provinz Hessen-Nassau wurde, und dem aus der Landgrafschaft Hessen-Darmstadt hervorgegangenen Großherzogtum Hessen etwas Ordnung in den hessischen Flickenteppich.

Die Spuren dieser wechselvollen Geschichte findet man heute noch überall in Hessen. Burgen, Schlösser, Klöster und Kirchen bewahren die Erinnerung an längst vergangene Zeiten. Dieses Buch will dabei helfen, sie zu erkunden und neu zu entdecken. Es möchte den Leser mitnehmen auf eine Reise in ferne Jahrhunderte, die manchmal schon wenige Kilometer vor der eigenen Haustür beginnt. Weil das Reisen nicht nur lehrreich sein, sondern auch Spaß machen soll, haben wir uns bei der Auswahl der Reiseziele darum bemüht, Orte zu finden, die sowohl über eine interessante Vergangenheit verfügen als auch über eine besondere Lage in einer landschaftlich reizvollen Umgebung oder einer schönen Stadt. Zwischen Werra und Weser, Rhein, Main und Neckar gibt es allerdings weit mehr solcher Orte, als hier hineingepasst hätten.

Wir mussten also eine Auswahl treffen und haben uns am Ende für fünfzehn Burgen, Schlösser und Klöster entschieden, von denen wir glauben, dass sie nicht nur spannende Geschichten zu erzählen haben, sondern auch jederzeit einen Besuch wert sind. Der zeitliche Rahmen umspannt zwölf Jahrhunderte hessischer Historie: von dem aus fränkischer Zeit stammenden Kloster Lorsch an der Bergstraße bis zum 1883 errichteten Niederwalddenkmal bei Rüdesheim. Dabei ging es uns weniger darum, Baustile und kunstgeschichtliche Eigenheiten zu beschreiben. Der Leser soll vor allem etwas darüber erfahren, wie und in welchen historischen Zusammenhängen diese Stätten entstanden sind und welche Motive dabei das Denken und Handeln der Zeitgenossen bestimmten. So wird etwa am Beispiel der Ronneburg der mittelalterliche Brunnenbau beschrieben oder am Beispiel der Klöster Lorsch, Eberbach und Arnsburg aufgezeigt, wie Mönche lebten und arbeiteten und das antike Wissen für die abendländische Kultur überlieferten.

Wenn ein geografischer Schwerpunkt der Auswahl auf dem Süden und Westen Hessens liegt, hängt das zum einen damit zusammen, dass die Idee zu diesem Buch auf eine Serie von Artikeln für den Rhein-Main-Teil der „Frankfurter Allgemeinen Zeitung" zurückgeht. Dem Herausgeber der Rhein-Main-Zeitung, Werner D'Inka, sei an dieser Stelle ebenso herzlich für seine Unterstützung gedankt wie dem zuständigen Ressortleiter Peter Lückemeier und den Redakteuren Hanns Mattes, Dieter Schwöbel und Werner Breunig. Besonders danken möchten wir auch Alfons Kaiser.

Darüber hinaus gilt, was ein großer Hesse, der Frankfurter Johann Wolfgang von Goethe, einst in seinem Epos „Hermann und Dorothea" mit Blick auf seine Heimat geschrieben hat: „Und nun ging ich heraus und sah die herrliche, weite Landschaft, die sich vor uns in fruchtbaren Hügeln umherschlingt, sah die goldene Frucht den Garben entgegen sich neigen und ein reichliches Obst uns volle Kammern versprechen."

Frankfurt am Main, im November 2007
Nicolas Wolz & Kristina Ahrens

1. KLOSTER LORSCH

HORT DES WISSENS AN DER BERGSTRASSE

Der 1. September 774 war ein ganz besonderer Tag in der Geschichte des Städtchens Lorsch. Karl der Große, König der Franken, machte auf dem Rückweg von Italien, wo er einen Feldzug gegen die Langobarden siegreich beendet hatte, mit seinem stattlichen Gefolge halt in der kleinen Siedlung am Fuße des Odenwalds. Ehe er zu seiner Pfalz in Fritzlar weiterzog, wollte Karl in Lorsch an der feierlichen Weihe der neuen Klosterkirche teilnehmen.

Erst wenige Jahre zuvor, 764, hatte der fränkische Gaugraf Cancor zusammen mit seiner Mutter Williswinda die Lorscher Abtei gegründet – und sie sogleich an seinen weitläufigen Verwandten Chrodegang, den Erzbischof von Metz, verschenkt. Der schickte wenig später die ersten Mönche aus seinem eigenen Kloster Gorze nach Lorsch, die dort nach den Vorgaben des heiligen Benedikt von Nursia leben und arbeiten sollten. Benedikt gilt als der Begründer des christlichen Mönchtums; die wichtigsten seiner im 6. Jahrhundert aufgestellten Regeln lauten: Gehorsam, Schweigen, Demut, Armut und Keuschheit. Wie in Gorze war auch in Lorsch der größte Teil des Tages dem gemeinsamen und persönlichen Gebet gewidmet oder wurde in Stille, mit Meditation und Lektüre verbracht. Handwerkliche Arbeit sollte einen Ausgleich schaffen und den Lebensunterhalt der Mönche sichern.

Um ihre Existenz brauchten die Lorscher Benediktiner aber schon bald nicht mehr zu fürchten. Denn Chrodegang sandte ihnen eine wertvolle „Starthilfe", die Gebeine des heiligen Nazarius nämlich, die ihm Papst Paul I. überlassen hatte. Dank dieser Reliquien, die als so bedeutend galten, dass sie den Mönchen zahlreiche Schenkungen aus allen Teilen des Landes einbrachten, wurde die Abtei zu einem der wichtigsten und reichsten klösterlichen Zentren in Europa; ihre Besitzungen reichten schließlich von der Nordseeküste bis in die

Schweiz. Eine der größten Schenkungen erhielt Lorsch übrigens aus der Hand Einhards, des Beraters und späteren Biografen Karls des Großen. Er übereignete dem Kloster 819 die Mark Michelstadt.

Im Jahr 772 schenkte der Lorscher Abt Gundeland, ein Bruder Chrodegangs, das Kloster Karl dem Großen. Das war ein geschickter Schachzug: Von nun an stand Lorsch unter dem Schutz des Königs und genoss eine Reihe von Privilegien, wie etwa Immunität und freie Abtwahl. Dafür mussten die Mönche jährliche Abgaben entrichten, Soldaten für den Mili-

DIE ROMANISCHE KLOSTERKIRCHE

tärdienst zur Verfügung stellen und regelmäßig für den Herrscher und seine Dynastie beten. Als Königskloster war Lorsch auch fest in das mittelalterliche Lehnsystem eingebunden. Es verwaltete das Land des Königs und übte die Grundherrschaft über die ansässigen Bauernfamilien aus. Der Lorscher Abt gehörte zur obersten Führungsschicht des fränkischen Reiches und war an wichtigen politischen Entscheidungsprozessen unmittelbar beteiligt.

Neben ihrer administrativen Funktion kam den Klöstern eine wichtige kulturelle Aufgabe zu. In einer Zeit, in der die wenigsten Menschen lesen und schreiben konnten und Bildung das Privileg einer sehr kleinen Elite war, erhielten sie den Schatz des antiken Wissens. Ihre Schulen, Bibliotheken und Skriptorien waren Zentren des geistigen Lebens. Die umfangreichen Bildungsreformen Karls des Großen, als „Karolingische Renaissance" in die Geschichte eingegangen, trugen maßgeblich zu dieser Entwicklung bei. Ob Dichtung, Geschichtsschreibung oder Recht: Fast alles, was wir heute über die Antike wissen, verdanken wir den in den klösterlichen Schreibstuben tätigen Mönchen, die in mühevoller Handarbeit die Werke Senecas, Ciceros, Horaz' und vieler anderer kopierten und so vor dem Untergang bewahrten.

Das Lorscher Skriptorium zählte schon bald zu den bedeutendsten des Landes. Ein Lieblingsautor der als besonders produktiv geltenden Lorscher Schreiber war der römische Dichter Vergil. Sein Hauptwerk, die „Aeneis", in der er schilderte, wie der Held Aeneas sich aus dem brennenden Troja rettete und nach vielen Irrfahrten und Abenteuern zum Begründer des römischen Weltreiches wurde, war ein häufig gelesenes Buch am Hof Karls des Großen. Kein Wunder, sahen die Franken sich doch in der Tradition der römischen Kaiser. In Lorsch entstand Ende des 8. Jahrhunderts die älteste Vergilhandschrift auf deutschem Boden. Heute liegt sie in der Pariser Nationalbibliothek.

Geschrieben wurde auf Pergament, das man aus der Haut von Schafen, Ziegen und Kälbern herstellte. Papier begann sich erst vom 14. Jahrhundert an langsam durchzusetzen. Das Pergament war äußerst kostbar: Für ein Buch von 370 Seiten benötigte man die Haut von rund 150 Kälbern. Als Schreibwerkzeug dienten Gänsekiele, die häufig verwendete rotbraune Tinte gewann man aus der Rinde von Schlehenzweigen, die schwarze aus Galläpfeln, Eisen- oder Kupfersulfat. Farbige Tinte für die teils ungemein aufwändige kalligrafische Gestaltung der Bücher wurde aus Lapislazuli, Ocker, rotem Harz, Karmin und Grünspan hergestellt.

Natürlich wurden in Lorsch wie in anderen Klöstern nicht nur klassische Texte vervielfältigt. Einen Großteil ihrer Zeit verbrachten die Schreiber mit liturgischem und theologischem Schriftgut wie der Bibel oder Gebets- und Messbüchern. Aus der Lorscher Klosterbibliothek, einer der größten des Mittelalters, haben sich knapp dreihundert Handschriftenbände erhalten, die heute über die ganze Welt verstreut sind. Einige von ihnen gehören zu den bedeutendsten Dokumenten der europäischen Geistesgeschichte, wie etwa das mit goldener Tinte geschriebene „Lorscher Evangeliar" aus dem frühen 9. Jahrhundert. Das um 795 entstandene „Lorscher Arzneibuch" (heute in Bamberg) ist eine Sammlung medizi-

MEHR ALS TAUSEND JAHRE ALTE WANDMALEREIEN ZIEREN DAS INNERE DER KÖNIGSHALLE

DIE UNTER MEHRE-
REN FARBSCHICH-
TEN LIEGENDEN
BILDER ...

... WURDEN SORG-
FÄLTIG FREIGELEGT
UND RESTAURIERT.

nisch-pharmazeutischer Texte, die nicht nur die älteste ihrer Art in Deutschland ist, sondern auch ein Schlüsselwerk zum Verständnis der mittelalterlichen Heilkunde. Der „Lorscher Codex" aus dem 12. Jahrhundert (heute in Würzburg) ist ein Kompendium der Klostergeschichte und enthält Kopien wichtiger mittelalterlicher Urkunden.

Von der einst so mächtigen Anlage sind heute noch die karolingische Torhalle, ein Teil der Klosterkirche und einige Umfassungsmauern zu sehen. Die Torhalle, auch „Königshalle" genannt, ist so gut erhalten, dass man auf den ersten Blick nicht vermuten würde, hier eines der herausragenden Beispiele frühmittelalterlicher Baukunst vor sich zu haben. Allerdings ist noch immer unklar, wann genau die Halle gebaut wurde und welchem Zweck sie diente. Lange dachte man, sie sei zu Ehren des Sieges Karls des Großen über die Langobarden errichtet worden. Doch deutet mittlerweile einiges darauf hin, dass sie erst einige Jahrzehnte später gebaut wurde, wahrscheinlich als Empfangs- und Aufenthaltsraum für den das Kloster besuchenden König. Wer das Innere der Halle besichtigt, was im Rahmen einer Führung möglich ist, wird mit einem exklusiven Blick auf zum Teil mehr als 1000 Jahre alte Wandmalereien belohnt. Die in mehreren Schichten übereinander liegenden Bilder wurden 1927 entdeckt und in den folgenden Jahren freigelegt, restauriert und ergänzend übermalt.

Ende des 17. Jahrhunderts ließ der Erzbischof von Mainz die Königshalle zu einer Kapelle für seine Jagdresidenz, das „Kurfürstliche Haus", umbauen. Seither nennen die Lorscher sie liebevoll „das „Kappellche". Erst zu Beginn des 20. Jahrhunderts erhielt die Halle ihre heute sichtbare spätmittelalterliche Form zurück. Direkt neben der Torhalle liegt das Lorscher Museumszentrum mit seinen klostergeschichtlichen, volkskundlichen und tabakgeschichtlichen Abteilungen.

Von der Klosterkirche, die 774 im Beisein Karls des Großen eingeweiht worden war, steht heute nur noch ein Rest, doch kann man auf dem dahinterliegenden Rasen gut die ursprüngliche Größe erkennen. Am östlichen Ende der Freifläche erinnert eine Bodenplatte an die Stelle, an der König Ludwig der Jüngere nach dem Tod seines Vaters Ludwigs des Deutschen im Jahr 876 eine Gruftkirche („Ecclesia varia") für seine Familie errichten ließ. Neben Ludwig dem Deutschen, einem Enkel Karls des Großen, des-

AUCH KÖNIGE WURDEN IN
LORSCH BESTATTET

sen Ostfränkisches Reich zum Vorläufer des späteren Deutschen Reichs wurde, liegen auch sein Sohn Ludwig der Jüngere, sein Enkel Hugo und Kunigunde, die Frau des späteren Königs Konrad I., in Lorsch begraben. Übrigens: Die im Kloster gestorbenen Mönche wurden nördlich der Basilika bestattet – dort, wo seit einigen Jahren ein üppig bepflanzter und sorgsam gepflegter Kräutergarten mit langen Sitzmauern aus Heppenheimer Sandstein zu einer kurzen Verschnaufpause einlädt.

DER KRÄUTERGARTEN NEBEN DER KLOSTERKIRCHE

Im Jahr 1232 endete die Ära der Benediktiner in Lorsch. Nachdem Papst Gregor IX. das Kloster dem Erzstift Mainz unterstellt und seine Immunität aufgehoben hatte, besiedelten zunächst für einige Jahre die Zisterzienser die Abtei. Ihnen folgten 1248 Prämonstratenser aus Allerheiligen im Schwarzwald. Lorsch verlor seine herausragende Bedeutung

SEIT 1991 GEHÖRT DIE KÖNIGSHALLE ZUM WELTKULTURERBE DER UNESCO

und sank zu einem regionalen Zentrum mit dem Status einer Propstei herab. Mitte des 15. Jahrhunderts wurde das Kloster an die Kurpfalz verpfändet und nach der Einführung der Reformation hundert Jahre später schließlich aufgelöst. Von spanischen Truppen während des Dreißigjährigen Krieges verwüstet, fiel Lorsch im 17. Jahrhundert an das Erzstift Mainz zurück. Seit 1991 gehört die Anlage zum Weltkulturerbe der Unesco. Das unterstreicht nicht nur noch einmal die herausragende historische Bedeutung des Lorscher Klosters. Es schließt sich damit auch ein Kreis: Die einstigen Bewahrer unseres kulturellen Erbes sind nun selber ein Teil des Schatzes geworden, den es für künftige Generationen zu pflegen und zu erhalten gilt.

__Anfahrt:__ Lorsch erreicht man über die Autobahnen 5 oder 67, auch auf den Bundesstraßen 3, 47 und 460 ist der Weg ausgeschildert. Wer mit Bahn oder Bus anreist, geht vom Lorscher Bahnhof aus noch etwa zehn Minuten bis zum Kloster.

__Öffnungszeiten:__ Der Klosterpark mit der Königshalle und dem romanischen Kirchenrest ist das ganze Jahr über bis Einbruch der Dunkelheit geöffnet und frei zugänglich. Das Obergeschoss der Königshalle mit den karolingischen Wandmalereien und das Lapidarium in der ehemaligen Klosterkirche können jedoch nur im Rahmen angemeldeter Führungen besichtigt werden. Nähere Auskünfte erteilt das Museumszentrum Lorsch unter der Telefonnummer 0 62 51 / 1 03 82-0 oder per E-Mail unter muz@kloster-lorsch.de. Das Museumszentrum ist von Dienstag bis Sonntag und an Feiertagen jeweils von 10 bis 17 Uhr geöffnet.

__Eintritt:__ Der Eintritt kostet für Erwachsene drei Euro (ermäßigt zwei Euro), für Kinder einen Euro. Führungen sind nur für Gruppen von mindestens 10 Personen möglich und kosten vier Euro pro Person.

2. Benediktinerabtei Seligenstadt

Einhards Gründung am Main

Vieles von dem, was wir heute über Karl den Großen wissen, verdanken wir Einhard, einem fränkischen Gelehrten und engen Vertrauten Karls. Er verfasste nach dem Vorbild des römischen Schriftstellers Sueton eine große Biografie des ersten deutschen Kaisers, die „Vita Caroli Magni". Darin schilderte er auch, wie eifrig Karl, der wie die meisten seiner adeligen Zeitgenossen mehr mit dem Kriegshandwerk als mit der Wissenschaft vertraut war und nicht einmal schreiben konnte, sich darum bemühte, seine zahlreichen Bildungslücken zu schließen: „Die edlen Wissenschaften pflegte er mit allergrößtem Eifer, und ihre Vertreter verehrte er sehr und belohnte sie reichlich. Um die Grammatik zu erlernen, nahm er Unterricht bei dem Diakon Petrus von Pisa, einem hochbejahrten Mann; in den übrigen Disziplinen ließ er sich von Albinus unterrichten, einem auch Alkuin genannten Diakon aus England, einem allumfassend gelehrten Manne. In dessen Gesellschaft verwandte er viel Zeit und Mühe, um Rhetorik und Dialektik, vor allem aber Astronomie zu studieren. Er befasste sich mit Mathematik und erforschte mit emsigem Fleiß und großer Wissbegierde den Lauf der Gestirne. Auch Schreiben wollte er lernen und pflegte deshalb Schreibzeug und Büchlein unter dem Kopfkissen im Bett zu haben, um in müßigen Stunden seine Hand an die Gestaltung von Buchstaben zu gewöhnen, mit geringem Erfolg, denn er hatte viel zu spät mit diesem Bemühen begonnen."

An seinem Hof in Aachen und auf seinen vielen Reisen durch das Reich umgab Karl sich gern mit einem Kreis aus Freunden und Beratern, zu denen einige der größten Gelehrten der damaligen Zeit gehörten. Unter ihnen war auch der erwähnte Alkuin, ein aus York in England stammender Theologe, der nicht nur zum einflussreichsten Ratgeber Karls des Großen in Staats- und Kirchenfragen wurde, son-

dern auch dessen Hof-
schule in Aachen leitete
und maßgeblich zu den
Bildungsreformen der
„Karolingischen Renais-
sance" beitrug. Einhard
wiederum, geboren um
770 im ostfränkischen
Maingau und erzogen im
Kloster Fulda, kam als
Schüler Alkuins an den
Hof Karls des Großen.
Wegen seines handwerkli-
chen Geschicks übertrug
Karl ihm später die Auf-
sicht über die kaiserlichen

ADAM UND EVA AUF DER RÜCKSEITE
DES CHORS

Bauten, etwa über das Aachener Münster, betraute ihn aber
immer wieder auch mit politischen Missionen.

Für seine treuen Dienste schenkte der Sohn Karls des Großen, Ludwig der Fromme, Einhard ein Jahr nach dem Tod
seines Vaters die Mark Michelstadt im Odenwald und die
Domäne Mulinheim superior – das heutige Seligenstadt.
Eigentlich hatte Einhard vor, sich zusammen mit seiner Frau
Imma, einer Schwester des Bischofs Bernhard von Worms, im
Odenwald zur Ruhe zu setzen. In Steinbach bei Michelstadt
ließ er sich einen Herrensitz errichten, in dessen Zentrum
eine 827 vollendete Kirche stehen sollte. Die Steinbacher Ein-
hardsbasilika zählt heute zu den ältesten noch erhaltenen
Sakralbauten aus karolingischer Zeit. Warum Einhard seine
Pläne wenig später änderte, ist nicht ganz klar. Angeblich
waren es böse Träume, die ihn in Steinbach plagten und ihn
veranlassten, nach Seligenstadt umzuziehen. Dort jedenfalls
gründete er um 830 eine Abtei, deren erster Abt er wurde,
dort ließ er eine neue, größere Kirche nach römischem Vorbild bauen, und dort schrieb er auch seine große Biografie
Karls des Großen. Seinen Odenwälder Besitz hatte er schon

ZWISCHEN MAIN UND BASILIKA LÄDT DER „BUBENSCHULHOF" ZUM VERWEILEN EIN

819 der Lorscher Abtei vermacht, und es spricht einiges dafür, dass er mit seiner eigenen Gründung nicht im Schatten dieses mächtigen Reichsklosters stehen wollte und deshalb nach Seligenstadt auswich. Bis zu seinem Tod am 14. März 840 lebte Einhard in Seligenstadt. Seine Gebeine ruhen wie die der 836 gestorbenen Imma in einem Sarkophag in der zum Kloster gehörigen Basilika. Im Jahr 2005 erbrachte eine wissenschaftliche Untersuchung der Überreste deutliche Anhaltspunkte dafür, dass es sich bei den Toten tatsächlich um Einhard und seine Frau handelt.

Für die ebenfalls in Seligenstadt ruhenden sterblichen Überreste der römischen Heiligen Marcellinus und Petrus, denen die Basilika geweiht ist, lässt sich ein solcher Nachweis nicht erbringen. Sicher ist nur, dass Einhard selbst diese wertvollen Reliquien 827 aus Rom zunächst nach Steinbach und von dort nach Seligenstadt schaffen ließ, wo sie ähnlich wie die Gebeine des heiligen Nazarius in Lorsch dazu beitrugen, das Prestige und damit auch die weltlichen Besitztümer des neugegründeten Klosters zu mehren. Daran vermochte auch die eher zweifelhafte Herkunft der Gebeine nichts zu ändern: Ratleik, Einhards Sekretär, hatte in Rom erst einen Vertrag mit einem professionellen Reliquienhändler schließen und den Boden einer Kirche umgraben müssen, um die Gräber der Heiligen zu finden und die nötigen „Beweise" für ihre Echtheit zu bekommen.

Die Abtei und die Basilika sind noch immer die Wahrzeichen des kleinen Städtchens am südöstlichen Ende Hessens, dessen malerische Altstadt mit ihren vielen Fachwerkhäusern ebenso einen Besuch lohnt wie die am langgestreckten Mainufer gelegene staufische Kaiserpfalz. Obwohl Kloster und Kirche sich heute in ihrem zur Zeit des Barock veränderten Zustand präsentieren, lassen umfangreiche Restaurierungen

IM FRÜHLING BLÜHT NEBEN DER PRÄLATUR EIN MEER AUS TULPEN

und Rekonstruktionen den ursprünglichen karolingischen Entwurf wiedererkennen. Wie alle Klöster im fränkischen Reich, so wollte es die Klosterreform von 816, lebte auch Einhards Gründung allein nach der Regel des heiligen Benedikt. Bis zum Aufkommen der Bettelorden im 13. Jahrhundert dominierten die Benediktiner unangefochten das abendländische Klosterleben. Auch die Zisterzienser, die uns später in den Kapiteln über die Klöster Eberbach und Arnsburg begegnen werden, machten die Benediktregel zur Grundlage ihres Ordens. Als Einhard die Anlage erbauen ließ, war für ihn also vor allem maßgeblich, was die Benediktregel von einem Kloster verlangte: „Das Kloster soll, wenn

Die ehemalige Bibliothek in der Prälatur

möglich, so angelegt werden, dass sich alles Notwendige, nämlich Wasser, Mühle und Garten, innerhalb des Klosters befindet und die verschiedenen Arten des Handwerks dort ausgeübt werden können. So brauchen die Mönche nicht draußen herumzulaufen, denn das ist für sie überhaupt nicht gut."

Etwas genauere Hinweise als die *Regula Benedicti* gab der berühmte, wohl um 820 entstandene St. Galler Klosterplan: Im Zentrum der Klosteranlage stand, nicht weiter verwunderlich, die Kirche mit einem nach Osten ausgerichteten Altar, der die betenden Mönche der aufgehenden Sonne entgegenblicken ließ. Rund um die Kirche gruppierten sich die Gebäude der Klausur: Küche und Speisesaal (Refektorium),

HIER ÜBERNACHTETEN HERRSCHER UND FÜRSTEN: DAS KAISERKABINETT

Schlafsaal (Dormitorium), Kapitelsaal, Schreibstube (Skriptorium), Bibliothek, Kreuzgang, Wärmeraum, Wäschekammer, Latrinen, Bade- und Waschräume. Die Klausur war der allein den Mönchen vorbehaltene Bereich des Klosters, Laien war der Zutritt strengstens untersagt. Außerhalb des inneren Kerns lagen Kräuter-, Obst- und Gemüsegärten, Werkstätten und Vorratsräume sowie die Unterkünfte der Bediensteten und Gäste.

So ist es auch in Seligenstadt. Betritt man die von Mauern umschlossene Anlage von Westen her, gelangt man zunächst in den Wirtschaftshof des Klosters. Im abgetrennten Mühlgarten grasen Schafe, die große Getreidemühle wurde 1993 restauriert, im Backhaus wird einmal in der Woche Brot im fränkischen Steinofen gebacken, in den ehemaligen Scheunen befindet sich die Stadtbücherei. Vom in der Mitte des Hofes gelegenen „Engelsgärtchen" aus blickt man auf die ehemaligen Abteigebäude, die im 17. und 18. Jahrhundert ihre heute sichtbare zweiflügelige barocke Gestalt erhielten. In dem einen Flügel, der parallel zum Langhaus der Basilika verläuft, lassen sich die Wohnung des Abtes, Bibliothek, Gästezimmer, Küche, das Sommerrefektorium, der Prälaturgarten und der Kreuzgang besichtigen. Das 1699 erbaute Prälaturgebäude, in dem der Abt wohnte, wurde in den vergangenen Jahren mit großem Aufwand restauriert und vermittelt einen lebendigen Eindruck der einstigen barocken Pracht. Mehrere Kaiser des Heiligen Römischen Reiches Deutscher Nation übernachteten dort auf dem Weg zu den Krönungsfeierlichkeiten in Frankfurt.

ORT DER STILLE: DER KREUZGANG

DIE ENGEL SCHAUTEN VON OBEN HERAB, ...

Der eigentliche Klausurbereich mit Dormitorium, Kapitelsaal, Winterrefektorium, Krankentrakt, Kapelle und großzü-
gigem Weinkeller befindet sich im zweiten Flügel, der vom
Kreuzgang aus in rechtem Winkel anschließt. Darin sind
auch eine historische Apotheke, ein Landschaftsmuseum und
ein Café untergebracht. Hinter diesem Gebäudetrakt liegt der

... WENN DIE MÖNCHE IM SOMMERREFEKTORIUM ZU TISCH SASSEN

DER RUND 30 000 QUADRATMETER GROSSE,
LIEBEVOLL REKONSTRUIERTE KONVENTGARTEN

rund dreißigtausend Quadratmeter große Konventgarten.
Ursprünglich ein reiner Nutzgarten, in dem Kräuter, Obst
und Gemüse angebaut wurden, ließen ihn die Äbte gegen
Ende des 17. Jahrhunderts zu einem repräsentativen Barockpark umgestalten.

Wie die Geschichte so vieler Klöster in Deutschland endete
auch die der Seligenstädter Benediktiner im Jahre 1803. Der
sogenannte Reichsdeputationshauptschluss verteilte das
Eigentum der Kirche an die weltlichen Herrscher, die damit
für den Verlust ihrer linksrheinischen Besitzungen an das
napoleonische Frankreich entschädigt werden sollten. Seligenstadt, das bis dahin zu dem mittlerweile französisch
gewordenen Kurmainz gehört hatte, fiel nun an das Großherzogtum Hessen-Darmstadt; die Abtei wurde aufgelöst. Einhard selbst jedoch geriet während all dieser Wechselfälle der

WAHRZEICHEN SELIGENSTADTS SEIT ZWÖLF JAHRHUNDERTEN:

DIE EINHARD-BASILIKA BEI NACHT

Geschichte nie in Vergessenheit. Heute erinnern in Seligenstadt vor allem die Basilika, die seinen Namen trägt, das Einhard-Haus auf dem Marktplatz und der Einhardweg, der Steinbach und Seligenstadt miteinander verbindet, an den Ahnherren der Stadt. Im Jahr 1999 schließlich gründeten Seligenstädter Bürger die „Einhard-Stiftung", die seither alle zwei Jahre einen Preis für meisterhafte historische Biografien verleiht. Ein schöneres Andenken kann man dem Verfasser der berühmten „Vita Caroli Magni" kaum bewahren.

Anfahrt: *Am einfachsten gelangt man über die Autobahn 3 nach Seligenstadt. Der Weg von der Ausfahrt am Seligenstädter Dreieck, zu dem auch die Autobahn 45 führt, ins Zentrum ist ausgeschildert. Von Bayern aus kann man auch mit der Autofähre in Kahl über den Main setzen. Da die Parkmöglichkeiten in der Altstadt begrenzt sind, sollte man das Auto am besten am Stadtrand abstellen, etwa im Parkhaus am Steinheimer Tor. Vom Bahnhof aus geht man etwa fünfzehn Minuten bis zur Abtei und Basilika.*

Öffnungszeiten: *Die Innenräume der Abtei sind im Februar täglich außer montags von 10 bis 15 Uhr geöffnet, von März bis Oktober bis 17 Uhr, im November und Dezember wiederum nur bis 15 Uhr. Führungen finden mehrmals täglich statt.*

Eintritt: *Der Eintritt kostet für Erwachsene 3,50 Euro, ermäßigt 2,50 Euro. Vom 24. Dezember bis Ende Januar sind die Räumlichkeiten geschlossen. Der Klostergarten und der Klosterhof sind ganzjährig frei zugänglich, in den Sommermonaten bis 20 Uhr, sonst bis Einbruch der Dunkelheit. Weitere Auskünfte erhält man unter der Telefonnummer 0 61 82 / 2 26 40.*

3. STIFTSRUINE BAD HERSFELD

AM ANFANG WAR DAS FEUER

Alles begann so, wie es siebenhundert Jahre später auch endete: mit einem vernichtenden Feuer. Anfang des 11. Jahrhunderts brannte die Basilika der Abtei von Hersfeld bis auf die Grundmauern nieder. Sie stammte noch aus karolingischer Zeit, ging zurück auf die Kapelle einer Einsiedelei, die der Missionar Sturmius 736 gegründet hatte. Einige Jahre später erhob Lullus, ein in England geborener Weggefährte des heiligen Bonifatius und dessen Nachfolger als Erzbischof von Mainz, die Einsiedelei zu einem Benediktinerkloster und stellte es unter den Schutz Karls des Großen. Der stattete das Kloster mit allerhand Sonderrechten aus und nutzte es als Vorposten in seinen Feldzügen gegen die Sachsen. Schenkungen aus allen Teilen des Reiches mehrten die Macht und den Einfluss der Hersfelder Abtei. Die schnell wachsende Bedeutung des neuen Klosters machte es erforderlich, die alte Kapelle zu einer Basilika zu erweitern. 850 wurde sie vom Mainzer Erzbischof Rabanus Maurus eingeweiht.

Nach ihrer Zerstörung durch das Feuer begann 1038 der romanische Neubau, im Wesentlichen auf dem alten karolingischen Grundriss. Die Ausmaße des Neubaus waren, wie man auch heute noch gut erkennen kann, gewaltig: Die Länge vom Eingangstor im Westbau bis zum östlichen Ende der Krypta beträgt etwa 103 Meter. Das Langhaus, dessen durch Säulengänge abgetrennten Seitenschiffe verschwunden sind, ist 29 Meter breit, das Querschiff am unteren Ende vor Krypta und Altar sogar 55 Meter. Der Bogen, mit dem sich das Querschiff zum dahinterliegenden Chor öffnet, ist im Scheitelpunkt fast 23 Meter hoch. Dach und Glockenturm des Querschiffs sind zerstört, auch von den ursprünglich zwei Türmen des Westbaus steht heute nur noch einer. Dafür gibt es einen weiteren Turm außerhalb der Kirche: den Katharinenturm mit der ältesten Glocke Deutschlands, der 1038 gegossenen Lullusglocke.

SELBST EINE KLEINE KIRCHE: DIE KRYPTA UNTER DEM CHOR

Der Chor, die Stätte des Hauptaltars, zu dem früher festliche Treppen hinaufführten, ist mit 27 Metern ungewöhnlich tief. Eine Apsis mit drei größeren Fenstern schließt ihn ab. In der darunterliegenden Krypta befanden sich die Grabstätten der Heiligen, denen die Kirche geweiht war, und wohl auch die von Lullus, dem Gründer der Abtei. Die Krypta ist praktisch eine Kirche im kleinen. Auch hier gibt es ein Längsschiff, das sich durch vier Säulen links und rechts in ein Mittelschiff und zwei Seitenschiffe teilte, ein Querschiff und einen kleinen Chor.

König Konrad III. kam 1144 selbst nach Hersfeld, um bei der Weihe der neuen Kirche dabei zu sein. Mit einer Grundfläche von knapp dreitausend Quadratmetern war sie seinerzeit die größte romanische Hallenbasilika nördlich der Alpen und ist heute die größte romanische Kirchenruine der Welt. Die Entstehungszeit von insgesamt 106 Jahren lässt erahnen, was für ein langwieriges und mühsames Unterfangen der mittelalterliche Kirchenbau gewesen ist, auch wenn andere Kirchen in wesentlich kürzerer Zeit entstanden. In der Größe und Mächtigkeit der Kirchen kamen nach damaligem Verständnis die Allmacht Gottes und die Stärke des Christentums zum Ausdruck.

MEISTERHAFTE ARCHITEKTUR MIT EINFACHSTEN MITTELN

Dafür scheute man keine Kosten und Mühen. Denn natürlich wollte jeder Bauherr für seine Kirche die höchsten Türme, die am weitesten gespannten Gewölbe, die größten Dachstühle. Die Klöster, Städte oder Bistümer zeigten dadurch nicht nur ihre besondere Gottesfurcht, sondern auch ihre politische und wirtschaftliche Bedeutung. Die Bauarbeiten waren selbst ein erheblicher Wirtschaftsfaktor, gaben sie doch vielen Maurern, Steinmetzen und Zimmerleuten, Glasmalern, Bildhauern und Goldschmieden ebenso wie unzähligen Hilfsarbeitern und Handlangern für viele Jahre einen festen Arbeitsplatz. Gewiss, manchmal trat auch Unvorhergesehenes ein, etwa, dass dem Bauherren das Geld ausging oder ein Krieg die Bauarbeiten unterbrach. Als gut ausgebildeter Handwerker hatte man aber immer die Möglichkeit, weiterzuziehen und seine Dienste einem anderen Herrn anzubieten.

An Baustellen herrschte im Mittelalter jedenfalls meist kein Mangel, besonders in der Zeit vom 13. Jahrhundert an, als wirtschaftlicher Aufschwung und wachsender Einfluss der Städte die Nachfrage nach repräsentativen Gotteshäusern steigen ließen. Vor allem die leitenden Werkmeister, in der Regel Maurer oder Steinmetze, waren gut bezahlte und hoch angesehene Handwerker. Sie begannen ihre Ausbildung meist schon in frühester Jugend bei einem Meister, die Lehrzeit dauerte beispielsweise für die auf den Bau von Kirchen spezialisierten Steinmetze vier bis fünf Jahre. Daran an schloss sich ein Jahr der Wanderschaft als Geselle. Um selbst Meister zu werden, waren dann weitere zwei Ausbildungsjahre erforderlich.

Alles Wissen wurde mündlich weitergegeben. Bis zur Mitte des 13. Jahrhunderts arbeiteten die Werkmeister stets ohne Baupläne und konstruierten die riesigen Kirchen ohne Berechnungen zur Statik – sie verließen sich dabei einzig und allein auf ihre Erfahrung und das Vorbild anderer Bauten. Den Grundriss maßen sie unmittelbar auf dem Bauplatz auf und steckten ihn mit Schnüren und Pflöcken ab. Die oft komplizierten Umrisse und Formen entwarfen sie mit Hilfe bestimmter geometrischer Grundfiguren wie Kreisen, Dreiecken oder Fünfecken. Um rechte Winkel zu konstruieren, bestimmte man zum Beispiel ein Dreieck nach dem Satz des Pythagoras. Die mittelalterlichen Entwürfe und Konstruktionen sind so genau,

EINES DER STIFTERGRÄBER IM SÜDLICHEN LANGHAUS

GEWALTIGE MAUERN,
ERRICHTET ZU EHREN GOTTES

dass man sie auch mit den heute zur Verfügung stehenden technischen Mitteln kaum verbessern könnte.

Neben den ausgebildeten Handwerkern arbeiteten Hunderte von Handlangern und Hilfskräften auf der Baustelle. Sie waren vor allem damit beschäftigt, das benötigte Baumaterial heranzuschaffen. Die Sandsteine für die Hersfelder Stiftskirche stammten zum größten Teil aus dem Steinbruch in Cornberg, etwa dreißig Kilometer nördlich von Hersfeld. Dort wurden die Steine schon grob zugehauen, um ihr Gewicht für den Transport zu reduzieren. Auf der Baustelle erhielten sie dann ihre endgültige Passform. Mit Seilen und Winden wurden die zentnerschweren Blöcke in die Höhe gezogen.

Nach der Fertigstellung der neuen Kirche begann die Blütezeit des Hersfelder Klosters. Im 13. Jahrhundert erhielt die Abtei vom Stauferkaiser Friedrich II. landeshoheitliche Rechte. Ihr Abt war damit Fürstabt und übte neben der geistlichen auch die weltliche Herrschaft über die Ländereien des Klosters aus. Doch mit dem Ende der Staufer nahm auch der Einfluss der Hersfelder Äbte ab. Um ihre Stellung zu sichern, schlossen sie, dem Beispiel der Stadt Hersfeld folgend, 1383 eher widerwillig ein Schutzbündnis mit den Landgrafen von Hessen. 1432 wurde es zu einem formellen Schutzvertrag erweitert. Damit gehörte die Fürstabtei Hersfeld nun sozusagen offiziell zur Landgrafschaft Hessen.

Das sollte sich noch als verhängnisvoll erweisen. Denn knapp einhundert Jahre später führte Landgraf Philipp der Großmütige die Reformation in Hessen ein. Für das katholische Kloster Hersfeld begannen damit schwierige Zeiten. Das zeigte sich schon im Bauernkrieg von 1525, als die gegen Leibeigenschaft und Feudalsystem protestierenden Bauern die Abtei plünderten. Landgraf Philipp kam den Hersfelder Mönchen zwar mit seinen Soldaten zu Hilfe, verleibte sich im Gegenzug aber große Teile ihres Landes ein. Für die durch diesen Aderlass noch schwächer gewordene Abtei wurde es immer schwerer, ihre Existenz inmitten einer fast vollständig protestantischen Umgebung aufrechtzuerhalten. In den Jahren vor dem Dreißigjährigen Krieg war die Situation derart grotesk, dass nur noch der Abt katholisch war – allerdings vom Papst nicht anerkannt wurde -, die wenigen noch verbliebenen Mönche aber dem protestantischen Glauben angehörten. Unmittelbar vor Beginn des Krieges 1618 fiel die Abtei dann an das Haus Hessen-Kassel. Nach dem Krieg wurde sie zu einem weltlichen Fürstentum und von Kaiser Ferdinand III. von Habsburg dem Haus Hessen-Kassel als Reichslehen zugesprochen. Die Landgrafen von Hessen-Kassel hatten seitdem als Grafen von Hersfeld Sitz und Stimme im Reichstag.

Und die Stiftskirche? Die war schon seit dem Bauernkrieg nur noch für evangelische Gottesdienste genutzt worden. Als dann während des Siebenjährigen Krieges

IM KATHARINENTURM HÄNGT DIE ÄLTESTE GLOCKE DEUTSCHLANDS

(1756 bis 1763) französische Truppen Hessen-Kassel besetzten, nutzten sie die Kirche als Vorratslager. Bei ihrem Abzug aus Hersfeld 1761 steckten sie das Gebäude in Brand und machten es zur Ruine – fast genau siebenhundert Jahre nachdem die alte Klosterbasilika ein Raub der Flammen geworden war.

Die ersten Bemühungen, die vorhandene Bausubstanz zu erhalten und in Teilabschnitten zu restaurieren, gab es im 19. Jahrhundert. Mit Erfolg: Auch als Ruine wirkt die Stiftskirche heute noch so beeindruckend, dass die seit 1951 vor der Kulisse ihrer beinahe tausend Jahre alten Mauern stattfindenden Bad Hersfelder Festspiele Jahr für Jahr viele Tausend Besucher anziehen. Dabei staunt manch einer ebenso sehr über das an 14 Seitenzügen befestigte Zeltdach, das bei Regen mit Hilfe von zwanzig Motoren über die Zuschauer gespannt wird, wie über die Baukunst der mittelalterlichen Werkmeister.

VOM TURM IM WESTBAU BLICKT MAN ÜBER DIE GANZE STADT

Anfahrt: *Der Weg nach Bad Hersfeld führt über die Autobahnen 5 oder 7 bis zum Kirchheimer Dreieck, von dort dann über die Autobahn 4 bis zur Ausfahrt Bad Hersfeld. Der Weg zur Stiftsruine ist ausgeschildert. Parkplätze gibt es in unmittelbarer Nähe auf dem Marktplatz. Wer mit dem Zug anreist, geht vom Bahnhof aus etwa 15 Minuten.*

Öffnungszeiten: *Die Stiftsruine ist von Mitte März bis Ende Oktober täglich von 10 bis 17 Uhr geöffnet. Die Öffnungszeiten richten sich jedoch stark nach den Aufbau- und Probezeiten der Bad Hersfelder Festspiele. Diese finden 2008 vom 7. Juni bis zum 3. August statt. Man erkundigt sich am besten telefonisch unter der Nummer 0 66 21 / 7 36 94 nach dem aktuellen Stand.*

Eintritt: *Der Eintritt kostet einen Euro, ermäßigt fünfzig Cent. Führungen für Gruppen sind auch über die Touristen-Information der Stadt Bad Hersfeld unter der Telefonnummer 0 66 21 / 20 12 74 buchbar.*

4. St.-Georgs-Dom Limburg

Künder von Reichtum und Gottesfurcht

Konrad, der Graf des Niederlahngaus, war ein Mann von auffallend kleinem Wuchs. „Kurzbold" nannten ihn deshalb die Zeitgenossen. Wie viele andere Adlige seiner Zeit war auch Konrad stets um sein Seelenheil besorgt. Er trachtete deshalb danach, sich durch eine herausragende fromme Tat für das Leben im Jenseits abzusichern. Also gründete er 910 auf dem „Limburger Felsen" über der Lahn das Stift St. Georg, das er mit eigenen Besitzungen und Rechten ausstattete. Das war an sich nichts Ungewöhnliches. Im frühen Mittelalter entstanden im Gebiet der mittleren Lahn eine ganze Reihe solcher Stifte, in denen Geistliche tätig waren, zwar nicht nur, aber auch, um für das Seelenheil des Stifters zu beten. Die meisten von ihnen gingen auf das einflussreiche Geschlecht der Konradiner zurück, dem auch Konrad Kurzbold entstammte.

Die Konradiner waren ursprünglich Grafen des Lahngaus. Ende des 9. Jahrhunderts stiegen sie zu Herzögen von Franken und damit zur mächtigsten Adelssippe im ostfränkischen Reich auf. Nach dem Tod Karls des Großen war dessen Herrschaftsgebiet ja in einen westlichen Teil, aus dem später Frankreich wurde, und einen östlichen Teil, Deutschland, zerfallen. Als letzter karolingischer König regierte Ludwig das Kind das Reich im Osten. Einer seiner engsten Berater war Herzog Konrad der Jüngere, ein Vetter Konrad Kurzbolds. Nach dem frühen Tod Ludwigs – er starb 911 im Alter von 18 Jahren – wählten die ostfränkischen Herzöge ihn zum neuen König. Das war eine kleine Sensation, denn bis dahin hatte das Erbrecht die Thronfolge geregelt.

Mit der Wahl Konrads endete die Herrschaft der Karolinger im östlichen Teil des Reiches. Allerdings war auch ihm kein langes Leben vergönnt: Er starb schon sieben Jahre später ohne Nachkommen, und die Königskrone fiel an den sächsischen Herzog Heinrich I. Er begründete die Herrschaft der

Ottonen, die sein Sohn Otto I. fortsetzte. Das Geschlecht der Konradiner dagegen erlosch 1036 nach dem Tod des letzten männlichen Nachkommen.

Konrad Kurzbold lebte zu dieser Zeit schon lange nicht mehr. Er starb 948 und wurde wunschgemäß in der von ihm gestifteten Kirche beigesetzt – in der Hoffnung, dass alle dort gesprochenen Gebete und Fürbitten ihm im Jenseits zum Vorteil gereichen würden.

66 METER MISST DER HÖCHSTE DER SIEBEN TÜRME

DAS MIT ARKADEN VERZIERTE DECKENGEWÖLBE DES QUERHAUSES

Die im Stift St. Georg zusammenlebenden Geistlichen, die sogenannten Kanoniker, waren keine Mönche und gehörten keinem Orden an. Ihre Gemeinschaft war der eines Klosters allerdings sehr ähnlich. Ihr Leben richteten sie nach der Regel des heiligen Augustinus. Dem Stift gehörten auch einige Weltgeistliche an, Söhne von Adeligen zumeist, die keine Priesterweihe erhielten, und denen der Besitz von Privateigentum gestattet war. Sie konnten es sich leisten, in eigenen Häusern rings um die Kirche zu wohnen. Insgesamt lebten bis zu sechzehn Kanoniker im Limburger Stift unter der Leitung eines vom Erzbischof eingesetzten Propstes. Ihren geistlichen Führer, den Dekan, wählten die Kanoniker dagegen selbst.

Als eines der wenigen katholischen Stifte in Hessen blieb St. Georg bis zur Säkularisierung 1803 bestehen. Es überstand sogar die Einführung der Reformation in Hessen, als die meisten Stifte verstaatlicht wurden, und die wenigen, die übrig blieben, einen enormen Verlust an Einfluss und wirtschaftlicher Macht hinnehmen mussten.

Wie es zum Ausbau der von Konrad Kurzbold gestifteten Kirche zu einer prachtvollen spätromanischen Basilika gekommen ist, weiß man nicht genau. Wahrscheinlich regte Graf Heinrich II. von Nassau Ende des 12. oder Anfang des 13. Jahrhunderts den Neubau an, die Finanzierung übernahmen wohl zum größten Teil die während der Kreuzzüge zu Wohlstand gelangten Limburger Kaufleute. Es dürfte ihnen gefallen haben, dass der Limburger Dom später fast dreißig Jahre lang die Rückseite des 1000-Mark-Scheins zierte. 1235 weihte der Erzbischof von Trier die neue Kirche, die zugleich die Kirche der Pfarrei Limburg wurde, den Heiligen Georg und Nikolaus von Myra.

Dank des einst von Kurzbold geschickt gewählten Bauplatzes konnten die Besucher der Stadt schon von Weitem über den Reichtum und die Gottesfurcht der Limburger staunen. Besonders auffällig sind neben dem weiß-rot-ockerfarbenen Außenputz, der zwischen 1968 und 1972 nach originalen Resten rekonstruiert wurde, die sieben Türme des Doms. Ihre Zahl entspricht den sieben Sakramenten. Die Doppeltürme auf der Westseite, zwischen denen das Eingangsportal liegt, sind 37 Meter hoch, der spitze Vierungsturm in der Mitte sogar 66 Meter. Die Ecktürme am südlichen Querhaus wurden allerdings erst 1863 errichtet. In der Mitte der mit Friesen, Säulchen, Fenstern und Blendbögen reich verzierten Eingangsfassade befindet sich eine große Rosette – nicht nur sie ein Element der als Vorbild dienenden französischen Kathedralgotik.

Der dreischiffige Innenraum des Doms wurde im Laufe der Jahrhunderte mehrfach umgestaltet und nach dem Zweiten Weltkrieg umfassend restauriert. Er soll das himmlische Jerusalem darstellen: Das schlichte, hohe Mittelschiff führt wie eine Straße durch die Stadt, Seitenschiffe und Emporen stehen für Häuser mit mehreren Geschossen, Fenstern und Türen. Die Malereien an den Wänden und an der

DAS HOHE, SCHLANKE MITTELSCHIFF BEEINDRUCKT DURCH SEINE
SCHLICHTE ELEGANZ

Decke erzählen allerlei biblische Geschichten – unabding-
bar in einer Zeit, in der die wenigsten Menschen lesen und
schreiben konnten. So sieht man zum Beispiel auf den
Bögen der seitlichen Emporen zahlreiche Heilige, Apostel
und Evangelisten. Das Deckengewölbe zeigt Sündenfall,
Sünde und Paradies.

Auf der linken Seite des Querschiffs stellt ein großes Wand-
bild die Ahnenreihe Jesu dar, auf der rechten befindet sich
eine Reihe kleinerer Abbildungen. Dargestellt sind unter
anderem die Schlüsselüberga-
be an Petrus, weiter oben Sam-
son, der einen Baum ausreißt,
und Johannes der Täufer im
Fellumhang. Auf den Säulen
links und rechts vor dem Altar
sind Georg und Nikolaus, die
beiden Patrone der Kirche, zu
sehen. In der Kuppel hoch
über dem Altar erscheinen sie
noch einmal, diesmal an der
Seite des auf dem Thron des
Weltenrichters sitzenden Jesus
Christus.

Zahlreiche Grabmale, Epita-
phe genannt, erinnern an ehemalige Kanoniker oder Stifter,
was ja ganz in deren Interesse
lag. Das größte und älteste
Epitaph gehört Konrad Kurzbold. Der Unterbau seines
Grabes und die sechs mit
Skulpturen versehenen Säulen
stammen noch aus der ersten
Kirche, in der er ursprünglich
beigesetzt worden war. Die
Grabplatte, auf der er lebens-

FENSTER AN DER WESTFASSADE

MODERNE GLASMALEREIEN IN DEN FENSTERN DER QUERHAUSKAPELLEN

groß in staufischer Tracht abgebildet ist, wurde erneuert, als
man das Grab 1235 im linken Querhaus der neuen Kirche
aufstellte. Auch das Taufbecken im rechten Seitenschiff ist so
alt wie die Kirche selbst und wird heute noch verwendet.

Das Altarkreuz zwischen Vierung und Chor stammt aus
dem 15. Jahrhundert. Der Altar selbst ist deutlich jünger: Er
wurde 1977 errichtet. Das Zweite Vatikanische Konzil (1962
bis 1965) hatte die Neugestaltung des Altarraums erforderlich

gemacht. Der Priester sollte die Messe künftig nicht mehr mit dem Rücken zu den Kirchenbesuchern feiern, sondern ihnen zugewandt.

Im Jahr der Weihe des neuen Altars feierte das Bistum Limburg zugleich das 150. Jahr seines Bestehens. Es wurde 1827 gegründet und ist damit eines der jüngeren katholischen Bistümer in Deutschland. Entstanden ist es auf Initiative des Herzogtums Nassau, dem Limburg im Zuge der Säkularisierung 1803 zugefallen war, und der freien Reichsstadt Frankfurt. Mit Gründung des neuen Bistums wurde die Limburger Stiftskirche zur Kathedrale, zur Kirche des Bischofs von Limburg. Erster Amtsinhaber war Jakob Brand. Auch das ehemalige Stiftskapitel erwachte nun als Limburger Domkapitel zu neuem Leben.

DIE KLAIS-ORGEL VERFÜGT ÜBER SECHZIG REGISTER

Aus Anlass der Gründung wurde dem neuen Bistum eine kostbare Reliquie übereignet: mehrere Holzpartikel vom Kreuz Jesu Christi, aufbewahrt in der „Staurothek", einer byzantinischen Goldschmiedearbeit aus dem 10. Jahrhundert. Sie ist das bedeutendste Stück des Limburger Domschatzes, der im Diözesanmuseum nur wenige Schritte vom Dom entfernt besichtigt werden kann. Das Museum wurde 1905 im Beisein von Kaiser Wilhelm II. eröffnet. Damals war es noch im Limburger Schloss untergebracht. Seit 1985 sind die Bestände des Museums und der Domschatz in einem

Gebäude zu sehen. In diesem Jahr lag die Weihe der zum
Dom umgebauten kleinen gräflichen Stiftskirche genau 750
Jahre zurück. Solange sie weiterhin die Jahrhunderte überdau-
ert, droht dem Seelenheil Konrad Kurzbolds auch künftig
keine ernst zu nehmende Gefahr.

Blick von der alten Lahnbrücke auf den Dom

Anfahrt: *Limburg liegt direkt an der Autobahn 3.
Die Stadt verfügt außerdem über einen ICE-Bahnhof.
Der Weg in die Altstadt und zum Dom ist ausgeschildert,
Parkplätze stehen allerdings nur begrenzt zur Verfügung.*
Öffnungszeiten: *Der Dom ist außerhalb der Gottes-
dienstzeiten frei zugänglich. Führungen werden von
Montag bis Freitag täglich um 11 und um 15 Uhr angeboten, samstags um 11 Uhr, sonntags um 11 Uhr 45.
Gruppenführungen meldet man an unter der Telefonnummer 0 64 31 / 92 99 83 oder per E-Mail unter
domfuehrungen-limburg@bistum-limburg.de. Das Diözesanmuseum ist nur wenige Schritte vom Dom entfernt.
Es hat in der Zeit vom 15. März bis zum 15. November
täglich von 10 bis 13 Uhr und von 14 bis 17 Uhr geöffnet, an Sonn- und Feiertagen von 11 bis 17 Uhr. Montags
ist das Museum geschlossen. In der Zeit vom 16. November bis zum 14. März ist ein Besuch nur nach vorheriger
Vereinbarung unter der folgenden Telefonnummer möglich:
0 64 31 / 5 84 72 00.*
Eintritt: *Der Eintritt kostet zwei, ermäßigt einen Euro.*

5. KAISERPFALZ GELNHAUSEN

BARBAROSSAS PROVISORISCHER PALAST

Hätte es im Mittelalter schon Bonusprogramme für Vielreisende gegeben, der deutsche König wäre ein gemachter Mann gewesen. In einer Zeit, in der noch keine Landratsämter, Regierungspräsidien und Kreisverwaltungen existierten und wichtige Nachrichten nur durch Kuriere übermittelt werden konnten, musste der Herrscher das Reich nämlich buchstäblich aus dem Sattel regieren. Viele Tage verbrachte er auf dem Pferd, Tausende von Kilometern legte er zurück. Wie ein Historiker treffend geschrieben hat, betrieb der König, der in der Regel zugleich Kaiser des Heiligen Römischen Reiches Deutscher Nation war, „sein hohes Gewerbe im Umherziehen".

Da es unmöglich war, das riesige Herrschaftsgebiet, das sich zeitweise von der Nordsee bis zum Mittelmeer und von Frankreich bis an die Elbe erstreckte, von einem zentralen Punkt aus zu kontrollieren, gab es bis ins späte Mittelalter auch keine Reichshauptstadt. Vielmehr hatten die deutschen Herrscher seit Karl dem Großen ein Netz fester Stützpunkte geknüpft, in denen sie auf ihrem Weg durch das Reich jeweils für einige Tage oder Wochen Quartier nahmen. Burgen, Klöster und Bischofssitze gehörten ebenso dazu wie die eigens für die Beherbergung des Königs und seines Hofstaats erbauten Pfalzen. Sie waren eine Art provisorischer Palast, wie auch der lateinische Ursprung des Wortes verdeutlicht: Pfalz kommt von „palatium".

Ein prachtvolles Beispiel dieser monarchischen Reiseresidenzen ist die Kaiserpfalz zu Gelnhausen am südöstlichen Ende der Wetterau. Am Rande der malerischen Altstadt erhebt sich der Bau, der nach dem Stand der Forschung zwischen 1170 und 1180 auf Geheiß des Stauferkaisers Friedrich I., besser bekannt als Barbarossa, errichtet wurde. Um seine Besitztümer in der Wetterau und im Kinzigtal zu sichern, hatte Barbarossa einige Jahre zuvor die freie Reichsstadt

Gelnhausen zwischen Frankfurt und Fulda gegründet. Dass er sich dort dann zusätzlich eine Pfalz bauen ließ, zeigt den hohen Stellenwert, den Gelnhausen in seinem politischen Denken einnahm.

Um die Pfalz am sumpfigen Ufer der Kinzig überhaupt errichten zu können, musste zunächst ein stabiler Unterbau geschaffen werden. Zu diesem Zweck wurden etwa 18 000 bis 20 000 Eichenstämme dicht an dicht in den morastigen Boden gerammt – ein Kraftakt, der mehrere Jahre in Anspruch nahm. Gleichwohl war der Ort gut gewählt: Gelnhausen lag an einer wichtigen Fernstraße von Sachsen ins Rheinland. Überdies war die Kinzig zumindest für kleine Schiffe befahrbar. Nicht unwichtig dürfte für den leidenschaftlichen Jäger Barbarossa auch gewesen sein, dass der nahe Büdinger Forst reiche Beute versprach.

ÜBER DEM EINGANG BEFAND SICH FRÜHER EINE ZWEISCHIFFIGE KAPELLE

Heute gilt die Gelnhausener Pfalz als das am besten erhalte-
ne Bauwerk aus der Zeit der Staufer. Man betritt sie durch die
zwei weiten Bögen der Eingangshalle, des einzigen noch in
seiner Urform existierenden Raums der Pfalz. Durch die
Halle, von der aus zwei Treppen in die darüberliegende zweischiffige Kapelle führen, gelangt man in den lichten, mit Bäu-
men bestandenen Innenhof der Anlage.

VERZIERUNG AN DER FASSADE DES PALAS

Zur Rechten erhebt sich ein 13 Meter hoher, rechteckiger
Torturm, der zugleich die Funktion des im Ostteil des Hofes
geplanten, aber dann nie gebauten Bergfrieds übernahm. Auf
der linken Seite befindet sich das Herzstück der Anlage: die
Hoffassade des einst dreistöckigen Palas, reich verziert mit
Kapitellen, Friesen und Säulen. Dort fanden nicht nur Hofta-
ge, Gerichtssitzungen, Empfänge und Feste statt. Das Haupt-
gebäude bot dem König und seiner Familie auch eine repräsentative und komfortable Unterkunft. Durch die
doppelsäuligen Fenster erblickt man im Hintergrund die
Marienkirche in der Gelnhausener Altstadt. Neben der Hoffassade ist vom Palas auch ein Rest der Nordwand erhalten.
Dort, wo sich früher ein kleiner Saal im Erdgeschoss befunden haben muss, ist noch der von zwei Schmuckplatten mit
Flechtwerkornamentik flankierte Kamin zu sehen.

Umschlossen wird die Anlage von einem sechseckigen Ring
aus mächtigen Buckelquadern aus rotem Buntsandstein. In
einer Zeit, in der es außer den großen Kirchen kaum Stein-
bauten gab, musste die zwei Meter dicke und ursprünglich
7,50 Meter hohe Mauer einen gewaltigen Eindruck auf die
Menschen gemacht haben. Sie ist bis auf ein kleines Stück vor
dem Torturm vollständig erhalten, war aber ursprünglich
höher und wurde von einem Wehrgang mit Zinnen abgeschlossen. Auf manchen Steinen kann man noch die Zeichen
der Steinmetzen erkennen, mit denen diese ihre Arbeit mar-
kierten – bezahlt wurde Stücklohn.

Während die meisten Menschen in Deutschland Barbarossa nie zu Gesicht bekamen, kannten die Gelnhausener ihn
recht gut. Sechs Aufenthalte des 1155 zum Kaiser gekrönten
Staufers in Gelnhausen sind urkundlich erwähnt. Ein Besuch
des hohen Herrn war jedoch beileibe kein reines Vergnügen
für die Gastgeber: Mit dem König reiste auch sein Hofstaat
durch die Lande. Historiker schätzen die Größe des kaiserlichen Gefolges auf 300 bis 4000 Personen: die königliche
Familie, geistliche und weltliche Amtsträger, Ritter und

HIER WURDE GROSSE GESCHICHTE GESCHRIEBEN: MEHRFACH TRAFEN
SICH DIE MÄCHTIGSTEN FÜRSTEN DES REICHES IN GELNHAUSEN

natürlich das Dienstpersonal. Sie alle mussten untergebracht
und verköstigt werden. Tag für Tag wurden dafür gewaltige
Mengen Fleisch, Brot, Wein und Bier benötigt – alles Dinge,
die zu jener Zeit auch in einer Reichsstadt wie Gelnhausen
nicht im Überfluss vorhanden waren. Nicht umsonst soll einmal ein im Sterben liegender Adeliger seinem Sohn geraten
haben, zwei Dinge unter allen Umständen zu vermeiden:
Krieg zu führen und den König als Gast aufzunehmen. Beides
könne ihn ruinieren.

Doch auch große Geschichte ist in Gelnhausen geschrieben worden. Im Jahr 1180 fand dort einer der wichtigsten
deutschen Reichstage des Mittelalters statt. Mehr als fünfzig
Fürsten, Bischöfe und Äbte waren auf Einladung Barbaros-

sas nach Gelnhausen gekommen, um über das Schicksal
Heinrichs des Löwen zu entscheiden. Dem Herzog von Bayern und Sachsen, einem Vetter und mächtigen Rivalen Barbarossas, war nämlich kurz zuvor wegen ständiger Unbot-
mäßigkeiten die Herrschaft über seine Länder aberkannt
worden, er selbst wurde mit der Reichsacht belegt. Der
Gelnhausener Reichstag bestätigte dieses Urteil. Der
umfangreiche Besitz des Welfenherzogs wurde neu verteilt –
mit schwerwiegenden Folgen für die territoriale Zersplitte-
rung des deutschen Reiches. Heinrich wurde in einem Feldzug, den Barbarossa gemeinsam mit verbündeten Fürsten
gegen ihn führte, geschlagen und musste für mehrere Jahre
in die Verbannung nach England gehen. 1184 und 1186
fanden dann noch einmal Reichstage in Gelnhausen statt,
bei denen es im Wesentlichen um das Verhältnis von Kirche
und Reich ging.

Von den Nachfolgern Barbarossas, der 1190 auf der Rück-
kehr von einem Kreuzzug im Fluss Saleph auf dem Gebiet
der heutigen Türkei ertrank, residierte sein Sohn Heinrich
VI. am häufigsten in Gelnhausen, alles in allem wohl sieben
Mal. Mit dem Aussterben der Staufer verlor auch die Pfalz
seit Ende des 13. Jahrhunderts allmählich an Bedeutung.
Mehrfach wurde sie von ihren Besitzern verpfändet, und da
die Pfandherren wenig Interesse an ihrer Erhaltung zeigten,
begann sie zusehends zu verfallen – im 18. Jahrhundert nutzten die Gelnhausener die Anlage gar als Steinbruch. Seit dem
Ende des Zweiten Weltkriegs ist die Pfalz Eigentum des Landes Hessen.

Mit dem Niedergang der Kaiserresidenz büßte auch die
Stadt ihre herausragende Stellung im Reich ein. Heute ist
Gelnhausen zumindest geografisch der Mittelpunkt des
Main-Kinzig-Kreises. Seit Oktober 2005 trägt sie auch wieder
den Titel „Kreisstadt", den sie im Zuge der Gebietsreform
Mitte der siebziger Jahre an Hanau hatte abtreten müssen.
Aus dem Sattel wird in der Kreisverwaltung zwar nicht

NIRGENDWO SONST HABEN SICH DIE ZEUGNISSE STAUFISCHER BAU-
KUNST SO GUT ERHALTEN

regiert. Ganz losgelöst von der Vergangenheit arbeitet man
dort aber auch nicht: Die Behörde hat die schöne Adresse
Barbarossastraße 24.

Anfahrt: *Barbarossas provisorischer Palast ist einfach zu finden. Mit dem Auto nimmt man eine der beiden Gelnhäuser Abfahrten der Autobahn 66 in die Innenstadt. Die Kaiserpfalz liegt gut ausgeschildert am Rande der Altstadt an der Burgstraße. Parkmöglichkeiten sind auf dem in unmittelbarer Nähe gelegenen, gebührenpflichtigen Parkplatz Müllerwiese vorhanden. Wer mit öffentlichen Verkehrsmitteln anreist, benötigt zu Fuß etwa zehn Minuten vom Bahnhof Gelnhausen bis zur Pfalz.*

Öffnungszeiten: *Von März bis Oktober ist die Kaiserpfalz täglich außer montags von 10 bis 17 Uhr geöffnet, im November und Dezember aber nur bis 16 Uhr. Auf Anfrage sind Besuche auch am Montag möglich. Von Weihnachten bis Ende Februar ist Winterpause, doch kann die Pfalz ganzjährig für private oder geschäftliche Anlässe gemietet werden.*

Eintritt: *Der Eintritt kostet zwei, ermäßigt 1,50 Euro. Familienkarten gibt es für sechs Euro. Führungen finden an Feiertagen zu jeder vollen Stunde statt, ansonsten nach Anmeldung unter der Telefonnummer 0 60 51/38 05.*

6. KLOSTER EBERBACH

ZENTRUM DER ZISTERZIENSER IM
RHEINGAU

In seinem weltberühmten Roman „Der Name der Rose" lässt Umberto Eco den jungen Novizen Adson von Melk sagen: „Nie habe ich eine schönere und trefflicher angelegte Abtei gesehen, obwohl ich später in meinem Leben durchaus nach Sankt Gallen kam und nach Cluny und nach Fontenay und in andere Abteien, die womöglich noch größer waren als diese, nicht aber so wohlproportioniert." Etwas Ähnliches muss sich der französische Regisseur Jean-Jacques Annaud gedacht haben, als er auf der Suche nach einem geeigneten Drehort für die Verfilmung von Ecos Bestseller nach Eberbach kam: Im Winter 1985/86 entstand dort ein Großteil der Innenaufnahmen für den Film mit Sean Connery in der Rolle des William von Baskerville und Christian Slater als Adson von Melk. Über ein wichtiges Detail sahen die Filmemacher allerdings großzügig hinweg: Ecos Geschichte spielt in einem Benediktinerkloster, Eberbach aber ist eine Abtei der Zisterzienser.

Ende des 11. Jahrhunderts hatten die drei Adeligen Robert von Molesme, Alberich und Stephan Harding im burgundischen Citeaux das Kloster gegründet, das diesem neuen Orden seinen Namen gab. Anspruch und Ziel der Zisterzienser waren es, der nach ihrer Ansicht zu einer leeren Hülle verkommenen Regel des heiligen Benedikt neues Leben einzuhauchen und sie in ihrer ursprünglichen Strenge wiederherzustellen. Als abschreckendes Beispiel diente das nur wenige Kilometer von Citeaux entfernt liegende Benediktinerkloster von Cluny. In dieser durch Spenden und Erbschaften zu großem Reichtum gelangten Abtei spielte schon längst die prunkvolle äußere Form eine wichtigere Rolle als der spirituelle Inhalt. Das ursprüngliche Ideal der Mönche, ein einfaches, von Arbeit erfülltes Leben zu führen, war in Cluny hinfällig geworden.

Zum führenden Kopf der neuen Gemeinschaft wurde schon bald Bernhard von Clairvaux, der im Alter von 22 Jahren nach

Die Basilika wurde 1186 geweiht

Citeaux gekommen war, nur zwei Jahre später aber schon zum Abt eines neuen Klosters in Clairvaux ernannt wurde. Bernhard formulierte die Ziele der Zisterzienser so: „Unser Orden bedeutet Entsagung, Demut, freiwillige Armut, Gehorsam, Friede und Freude im Heiligen Geist. Unser Orden heißt, sich einem Meister zu unterwerfen, einem Abt, einer Regel, einer Disziplin zu gehorchen. Unser Orden verlangt Schweigen, Fasten und Wachen. Unser Orden ist schließlich Übung des Gebets und der Hände Arbeit. Vor allem aber besteht er darin, den vornehmsten Weg zu gehen, der da die Barmherzigkeit ist." Einmal im Jahr trafen die Äbte aller Klöster sich zu einer Generalversammlung in Citeaux, wo über die Einhaltung der Ordensregeln streng gewacht wurde.

Unter Bernhards Führung begann der Orden rasch zu wachsen. Auch ehemalige Benediktinerabteien schlossen sich der neuen Bewegung an. Nach dem Prinzip der „Filiation" breiteten die Zisterzienser sich über ganz Europa aus. Die Ordensregeln schrieben vor, dass ein Konvent aus mindestens 60 Mönchen bestehen musste, bevor eine „Tochter" (filia)

BLICK VOM DORMITORIUM AUF DIE FACHWERKFASSADE DER BIBLIOTHEK

gegründet werden durfte. Gab es zu Bernhards Lebzeiten bereits 350 Klöster, waren es ein Jahrhundert später fast 650. Die erste von Eberbach ausgehende Neugründung war Schönau bei Heidelberg im Jahr 1145. Es folgten Otterberg in der Westpfalz (1145), Arnsburg in der Wetterau (1174), das wir im nächsten Kapitel kennenlernen werden, und Gottesthal bei Lüttich (1180/82). Auch der politische Einfluss der Zisterzienser wuchs stetig. Wie schon die Benediktiner wurden sie Ratgeber von Kaisern und Königen, und einer der ihren, Eugen III., bestieg 1145 sogar den Papstthron. Erst mit dem Aufkommen von Bettelorden wie den Franziskanern oder Dominikanern im 13. Jahrhundert stieß die Expansion der Zisterzienser an ihre Grenzen.

Eberbach selbst ist ebenso wie Himmerod in der Eifel eine unmittelbare Filiale des Mutterklosters in Clairvaux. Möglich wurde seine Gründung durch eine Stiftung des Mainzer Erzbischofs Adalbert I. Im Februar 1136 zogen die ersten zwölf Mönche unter Führung des Abtes Ruthard von Burgund in den Rheingau und machten sich ans mühevolle Werk. Fünfzig Jahre später konnte die Klosterkirche geweiht werden – wegen ihrer überragenden Akustik heute Schauplatz vieler Konzerte, etwa während des „Rheingau Musik Festivals". Weitere 34 Jahre später waren die Bauarbeiten an der ursprünglich romanischen Klosteranlage abgeschlossen.

Wer heute nach Eberbach kommt, erblickt jedoch vor allem die Zeugnisse der im Lauf der nachfolgenden Jahrhunderte vorgenommenen Umbauarbeiten in gotischem Stil. So etwa das

KLANGKÖRPER:
DIE KIRCHE WIRD OFT ALS
KONZERTSAAL GENUTZT

Mönchsdormitorium, den Kapitelsaal und die erhaltenen Teile des Kreuzgangs – und natürlich das spätgotische Fachwerk der dem Kapitelsaal gegenüberliegenden Bibliothek. Zu jener Zeit, gegen Ende des 15. Jahrhunderts, wurde auch der romanische Speisesaal der Laienbrüder umgewandelt, und zwar in einen Weinkeller, der heute noch zu sehen ist.

Der Saal wurde nicht mehr benötigt, denn die Zahl der Laienbrüder – oder Konversen, wie sie auch genannt wurden – war mit den Jahren allmählich zurückgegangen. Dass es sie überhaupt gab, war dem Reformeifer der Zisterzienser zu verdanken. Die Laienbrüder waren die Arbeiter des Klosters. Sie kamen in der Regel aus bäuerlichen Familien und leisteten bei ihrer Aufnahme einen Eid, der sie lebenslang an das Kloster band und ihnen im Gegenzug Sicherheit und Versorgung garantierte. Sie waren den Mönchen, die meist dem gebildeten städtischen Bürgertum entstammten, untergeordnet und konnten selbst nie Geistliche werden. Während die Mönche einen Großteil ihrer Zeit den Gottesdiensten und dem Gebet widmeten, führten die Konversen als Hirten, Winzer, Fischer und Handwerker aller Art den Wirtschaftsbetrieb des Klosters. Sie durften keine Bücher besitzen und kein Weißbrot essen, trugen als Erkennungszeichen Bärte und lebten innerhalb des Klosters strikt getrennt von den Mönchen. Sie aßen, schliefen und beteten für sich.

Man schätzt, dass zur Blütezeit Eberbachs Anfang des 13. Jahrhunderts etwa 200 Mönche und nahezu doppelt so viele Laienbrüder das Kloster bevölkerten. Bis auf den Lettner, der die Kirche teilte, sind heute noch alle baulichen Zeichen der Trennung zu besichtigen. Immer wieder kam es vor, dass die Konversen gegen ihre Benachteiligung aufbegehrten; 1261 ermordete einer von ihnen gar den Eberbacher Abt.

Paradoxerweise näherten die Zisterzienser sich immer mehr den Zuständen, die sie eigentlich hatten bekämpfen wollen. Nicht nur, dass sie als eigentlich von der Welt zurückgezogene Geistliche eine sehr weltliche Herrschaft über andere ausübten. Sie waren auch längst nicht mehr, wie einst gefordert, arm. Im Gegenteil: Ihre breite gesellschaftliche Akzeptanz verschaffte

DER SCHLAFSAAL DER MÖNCHE DIENTE ALS KULISSE FÜR DEN FILM
„DER NAME DER ROSE"

ihnen viele Spenden und Schenkungen. Die meisten Klöster verfügten außerdem über enormen Grundbesitz. Diese Ländereien wurden äußerst effektiv bewirtschaftet. Ländliche Großbetriebe, die Grangien, produzierten fleißig Obst, Gemüse, Fleisch und Getreide, das in den umliegenden Städten in den ebenfalls zum Kloster gehörigen Stadthöfen verkauft wurde.

In Eberbach war es in erster Linie der Wein, der den Wohlstand der Abtei begründete. Der auf den klösterlichen Weingütern gekelterte Wein wurde in Reichardshausen gesammelt und von dort nach Köln gebracht. Die Abtei besaß zu diesem Zweck drei eigene Schiffe, die einmal im Jahr den Kölner Stadthof ansteuerten, wo der Wein gelagert und weiterverkauft wurde. Eberbach war lange von den Abgaben an den zahlreichen Zollstellen auf dem Rhein befreit, was die Einnahmen zusätzlich steigerte, musste dieses Privileg im späten Mittelalter aber schließlich teuer erkaufen. Wie wichtig der Wein für Eberbach war, zeigte sich auch im Bau des berühmten „Großen Fasses", das 1500 vollendet wurde und nicht weniger als 71.000 Liter Wein enthielt. Der Konventskeller, in dem es aufgestellt war, beherbergte später übrigens ein „Cabinet" für die besseren

Weine – Kabinettsweine eben. Heute betreibt das Land Hessen in Gestalt der Staatsweingüter Kloster Eberbach das größte Weingut Deutschlands. Der Betrieb besteht aus sechs Domänen mit drei Kellereien und insgesamt rund 200 Hektar Weinbaufläche, die sich von Assmannshausen im Westen des Rheingaus über Rüdesheim, Steinberg, Rauenthal bis Hochheim und nach Bensheim an der Bergstraße erstrecken.

DIE WEINPRESSEN IM EHEMALIGEN KONVERSENBAU

Als im Dreißigjährigen Krieg die Schweden in den Rheingau einfielen und die Mönche nach Köln fliehen mussten, plünderten sie nicht nur die Bibliothek, sondern auch den Weinkeller des Klosters. Immerhin blieben die Klostergebäude unversehrt. Sie sind es im Wesentlichen bis heute. Im Schicksalsjahr 1803 fiel Eberbach nach dem Reichsdeputationshauptschluss an den Fürsten von Nassau-Usingen, der die abgeschiedene Anlage als Irrenanstalt und Frauengefängnis nutzte. Der Kreuzgang wurde teilweise abgerissen, um mit den Steinen eine künstliche Ruine im Park des Biebricher Schlosses zu errichten. Nach Abschluss der Dreharbeiten für den Film „Der Name der Rose" begannen 1986 umfangreiche Sanierungsarbeiten, die bis in die Gegenwart andauern und sicherstellen sollen, dass Eberbach noch lange eine so „schöne und trefflich angelegte Abtei" bleibt wie das fiktive Ideal in Umberto Ecos Roman.

HIER LAGERT MANCH EDLER TROPFEN: BIS HEUTE IST EBERBACH FÜR SEINEN WEIN BERÜHMT

Anfahrt: *Kloster Eberbach erreicht man am besten über die Autobahn 66 in Richtung Eltville und Rüdesheim. Hinter Wiesbaden geht die Autobahn in die Bundesstraße 42 über. Ihr folgt man bis zur Ausfahrt Kiedrich, von dort ist der Weg zum Kloster ausgeschildert. Vom Bahnhof in Eltville aus besteht außerdem eine direkte Busverbindung zum Kloster.*

Öffnungszeiten: *Das Kloster ist das ganze Jahr über geöffnet, mit einigen Ausnahmen wie Weihnachten, Silvester und während der Konzertveranstaltungen des „Rheingau Musik Festivals". Einlass ist vom 21. März bis zum 2. November täglich von 10 bis 18 Uhr, vom 3. November bis zum 31. Dezember von 11 bis 17 Uhr. Regelführungen finden immer freitags um 15 Uhr, samstags, sonn- und feiertags jeweils um 11, 13 und 15 Uhr statt, im November und Dezember nur samstags und sonntags um 14 Uhr. Sie kosten 1,70 Euro pro Person. Individuelle Audioführungen sind gegen eine Gebühr von 3,50 Euro jederzeit möglich.*

Eintritt: *Der Eintritt kostet für Erwachsene 3,50 Euro, ermäßigt und für Jugendliche von 12 bis 18 Jahren 1,50 Euro. Kinder zahlen nichts. An bestimmten Tagen haben auch die Rheingauer Bürger freien Eintritt in das Kloster. Nähere Informationen gibt es unter der Telefonnummer 0 67 23 / 9 17 81 15.*

7. Kloster Arnsburg

Eberbachs schöne Tochter in der Wetterau

Mit kostbaren Büchern und jeder Menge Werkzeug im Gepäck verließen an einem Tag des Jahres 1197 der Zisterzienser-Abt Mengot und zwölf Mönche das Kloster Eberbach im Rheingau in Richtung Osten. Ihr Ziel: das Tal des Flüßchens Wetter, abgeschieden gelegen am nördlichen Rand der heutigen Wetterau. Ihr Auftrag: ein neues Kloster nach dem Vorbild von Eberbach zu gründen.

Eberbach selbst war ebenfalls eine Tochtergründung der französischen Zisterzienserabtei Clairvaux. Zwar war der Zisterzienserorden nicht hier, sondern schon 1098 in Citeaux entstanden. Doch von Clairvaux aus entwickelte er sich unter der Führung des heiligen Bernhard rasch zum bedeutendsten Orden des Hochmittelalters. Mitte des 12. Jahrhunderts gab es schon mehr als 300 Zisterzienserklöster in Europa. Drei davon befanden sich in Hessen: Eberbach, Arnsburg und Haina bei Marburg.

Die Klöster der Zisterzienser sollten nach den Vorgaben Bernhards in abgeschiedenen Gebieten liegen, wo keine äußeren Einflüsse den Tagesablauf der Mönche störten. Sie wurden deshalb meist in unbewohnten und schwer zugänglichen Tälern errichtet, in denen gleichwohl Landwirtschaft und Viehzucht möglich waren. Auf diese Weise missionierten und kultivierten die Zisterzienser im Mittelalter zahlreiche Regionen, vor allem im deutschen Osten. Aber eben auch in der Wetterau.

AUS DER FERNE GRÜSST BURG MÜNZENBERG — DAS „WETTERAUER TINTENFASS"

Bei der Gründung des neuen Klosters Arnsburg mussten die Mönche allerdings nicht bei Null anfangen. Denn schon seit etwa 1000 residierten oberhalb der späteren Klosteranlage die Herren von Arnsburg. Als Kuno I. von Arnsburg seinen Sitz in die neu erbaute Münzenburg verlegte, das ganz in der Nähe des Klosters gelegene berühmte „Wetterauer Tintenfass", übertrug er das Gelände der alten Burg 1174 den Zisterziensern. Warum diese erst 1197 dorthin kamen, weiß man nicht.

Als sie schließlich in der Wetterau eintrafen, machten sie sich zunächst daran, die Kirche des Klosters zu errichten. Erst nach deren Fertigstellung durften andere Steingebäude in Angriff genommen werden. Fast fünfzig Jahre dauerte der Bau der dreischiffigen Pfeilerbasilika. Überwiegend im romanischen Stil gehalten, leichte Andeutungen des Gotischen zeigend, ist sie noch heute das Herzstück der Anlage. Zwar nur noch als Ruine erhalten, beeindruckt besonders das mächtige, 65 Meter lange und fast 20 Meter hohe Mittelschiff, teils von Efeu umrankt und auf den oberen Längsseiten von Kiefern bewachsen.

RUINENROMANTIK IM KLOSTER ARNSBURG

Die ehemalige Vorhalle der Kirche dient heute der evangelischen Kirchengemeinde Eberstadt als Gotteshaus. Vor allem im Sommer lassen sich dort viele Paare trauen. Das in den früheren Wirtschaftsgebäuden des Klosters untergebrachte Drei-Sterne-Restaurant ermöglicht Hochzeitsfeiern in historischer Umgebung. Im sogenannten Bursenbau, dem ehemaligen Wohnhaus der Laienbrüder, befindet sich zudem ein Hotel.

DAS EHEMALIGE WOHNHAUS DER LAIENBRÜDER IST HEUTE EIN HOTEL

Unmittelbar neben der Basilika liegt das Dormitorium, der Schlafsaal, in dem bis zu 100 Mönche nächtigten, wie bei den Zisterziensern üblich voll bekleidet. Der Raum ist vollständig erhalten und dient heute als Konzert- und Ausstellungssaal. Vom Dormitorium aus gab es einen direkten Zugang zur Kirche. Kranke konnten auf einer kleinen

Empore an den Gottesdiensten teilnehmen. Messen gab es mehr als genug, denn das Leben im Kloster folgte strengen Regeln, die sich weitgehend an Benedikt von Nursia orientierten. Der hatte zu Beginn des 6. Jahrhunderts festgelegt, dass die Mönche neben ihrer ständigen Anwesenheit im Kloster nach den Geboten der Keuschheit, Armut und des Gehorsams zu leben hatten. Vor allem aber definierte er den mönchischen Tagesablauf als einen Wechsel von Arbeit, Gebet und Studium, in späteren Jahrhunderten zusammengefasst in der griffigen Formel „Ora et labora" – Bete und arbeite.

Die Zisterzienser legten die Regeln Benedikts besonders streng aus. Der Tag im Kloster

WERKZEUGE GOTTES: SO SAHEN SICH DIE MÖNCHE

begann im Sommer um 1 Uhr in der Früh, im Winter gegen 2 Uhr 30 mit der Vigil, einer nächtlichen Andacht. In der Morgendämmerung folgte die Mette, unmittelbar nach Sonnenaufgang die Prim. In der Mitte des Vormittags versammelten sich die Mönche zur Terz, vor dem Mittagsmahl zur Sext, am Nachmittag zur Non. Der Abendmahlzeit voraus ging ein Vespergottesdienst, ehe dann die Komplet die Reihe der täglichen Gottesdienste beschloss. Um 20 Uhr im Sommer, im Winter schon kurz nach 17 Uhr begann die Nachtruhe. Um die Gebetszeiten möglichst genau bestimmen zu können, gab es nicht nur Sonnenuh-

Aus dem gut erhaltenen Kapitelsaal blickt man auf ...

ren für tagsüber, sondern auch komplizierte Wasser- und Kerzenuhren für die Nachtstunden. Später bediente man sich dann gerne genau kalibrierter Sanduhren, den sogenannten Stundengläsern.

Die Zeit zwischen den Messen und Gebeten war für Arbeit und Studium bestimmt. Während Laienbrüder den Hauptteil der körperlichen Arbeit bewältigten, widmeten die Mönche sich der Lektüre der Heiligen Schrift. Sie bewahrten und kopierten Handschriften und Bücher und retteten so den Wissensschatz der Antike vor dem Vergessen.

Das Bibliotheksgebäude des Klosters Arnsburg wurde vollständig abgetragen und im Nachbarort als evangelische Kirche wieder aufgebaut. Das Skriptorium ist ebenfalls nicht erhalten. Das gilt auch für Küche, Speisesaal, Wärmestube und Krankenhaus, die sich alle in einem Gebäude am südlichen Ende des Kreuzgangs befanden. Von diesem sind heute nur noch die Konsolen an den Umfassungsmauern zu sehen, auf denen einst die charakteristischen Kreuzgratgewölbe ruhten.

... DIE GEDENKSTÄTTE DER OPFER DES 2. WELTKRIEGES

Dafür erweist sich der unmittelbar an den Kreuzgang anschließende Kapitelsaal, der Versammlungsraum der Mönche, als ein besonders schöner frühgotischer Raum, der dem Kapitelsaal im Kloster Eberbach nicht nachsteht. In der Mitte des Kreuzgangs befindet sich seit 1960 eine Gedenkstätte für die Opfer des Zweiten Weltkriegs.

Die in ihrer Größe beeindruckende Klosteranlage wird von einer 1,6 Kilometer langen Mauer umschlossen. Folgt man ihr im Uhrzeigersinn auf dem parallel verlaufenden Fußweg, gelangt man unter anderem zum einstigen Friedhof der Mönche auf der Nordseite der Basilika. Er dient heute noch als bewusst schlicht gehaltene Grablege. Weiter im Osten befindet sich ein barocker Gebäudeflügel, der erst im 18. Jahrhundert errichtet wurde. Zu dieser Zeit erlebte Kloster Arnsburg noch einmal eine Blüte, nachdem es in den Jahrhunderten zuvor, zumal während des Dreißigjährigen Kriegs, allerlei Ungemach zu ertragen hatte. Der Barockflügel, der heute Privatwohnungen beherbergt, besteht aus Abteigebäude, Prälatenbau, Küchenbau, Pfortenbau und Gartenhaus. Am südli-

WIRD HEUTE NOCH GENUTZT: DER FRIEDHOF AN DER NORDSEITE DER
BASILIKA

chen Ende der Klostermauer stößt man auf die schön gelege-
ne Sommerresidenz des Abtes, ehe man wieder am barocken
Torhaus anlangt, wo die Statue des heiligen Bernhard von
Clairvaux die Besucher zu grüßen scheint.

Arnsburg war, wovon die monumentale Anlage beredtes
Zeugnis gibt, bis zur Säkularisierung ein reiches Kloster. Die
Zisterzienser galten nicht umsonst als geschickte Landwirte
und Ökonomen. Ende des 14. Jahrhunderts verfügte das
Kloster über Grundbesitz in 270 Orten zwischen Fulda und
Wetzlar, Gelnhausen und Mainz. Hinzu kamen eigene Höfe
in zahlreichen Städten. In Frankfurt zum Beispiel zeugen die
Arnsburger Straße in Bornheim und die Arnsburger Apothe-
ke noch heute vom einstigen Einfluss der Zisterzienserabtei.

Nach der Säkularisierung wurde die Anlage dem Adelshaus
Solms, in dessen Besitz sie sich noch immer befindet, als Entschädigung für verlorene Gebiete links des Rheins zugesprochen. Das Interesse der neuen Eigentümer war nicht beson-

DURCH DAS TORHAUS GELANGT MAN IN DIE WEITLÄUFIGE KLOSTERANLAGE

AUF DER GROSSEN OBSTWIESE FINDET MAN EIN LAUSCHIGES PLÄTZ-
CHEN ZUM LESEN UND ENTSPANNEN

ders groß, zahlreiche Klostergebäude verfielen oder wurden abgetragen. Andere wurden als Rettungshaus für verwahrloste Mädchen, später auch als Kinder- und Altenheim genutzt. Wäre mehr Bausubstanz erhalten geblieben und hätte die systematische Restaurierung früher begonnen, wer weiß, ob der französische Regisseur Jean-Jacques Annaud sich Mitte der achtziger Jahre nicht für Arnsburg entschieden hätte. So aber fanden die Innenaufnahmen für den Film „Der Name der Rose" dort statt, wo einst Mengot und die zwölf Mönche ihre Reise in die Wetterau angetreten hatten: im Kloster Eberbach.

Anfahrt: *Kloster Arnsburg liegt etwa 40 Kilometer nördlich von Frankfurt in der Wetterau, nahe der Straße von
Butzbach nach Lich. Man verlässt die Autobahn 45 an
der Ausfahrt Münzenberg und fährt in Richtung Lich.*
Öffnungszeiten: *Die Anlage ist das ganze Jahr über
geöffnet, nur bei Schnee und Eis bleibt sie aus Sicherheits-
gründen geschlossen. Der Freundeskreis Kloster Arnsburg
bietet Führungen durch die Anlage an. Sie können unter
der Rufnummer 0 64 04 / 6 21 98 vereinbart werden und
kosten einen Euro pro Person sowie eine Pauschale von
15 Euro. Außerdem findet an jedem zweiten Sonntag im
Monat um 15 Uhr eine allgemeine Führung statt. Sie
kostet zwei Euro.*
Eintritt: *Der Eintritt in die Kirchenruine, das Dormitorium und den Mönchsaal kostet einen Euro. Der Kriegs-
opfergedenkfriedhof im ehemaligen Kreuzgang und der
angrenzende Kapitelsaal sind frei zugänglich.*

8. Ronneburg

Mittelalter zum Anfassen zwischen
Hanau und Büdingen

Der Brunnen auf der Ronneburg ist einer der tiefsten, die im Mittelalter je gegraben wurden. 96 Meter ist der Schacht tief, ursprünglich waren es sogar einmal 125 Meter. Es muss unsägliche Mühe gekostet haben, ihn mit den Werkzeugen des 13. Jahrhunderts senkrecht durch den massiven Fels zu treiben. Trotzdem musste es sein. Denn ohne eigene Wasserversorgung konnten die Burgbewohner einem Angriff nicht länger als einige Tage standhalten. Nur wer einen Brunnen hatte, war von Regenfällen und Quellen außerhalb der Burg unabhängig und verfügte im Fall einer Wochen oder Monate dauernden Belagerung über ausreichende Wasserreserven.

Rund um die Uhr bearbeiteten Bergleute mit Hammer und Meißel das harte Gestein. Immer wieder mussten sie ihre stumpf werdenden Werkzeuge zuspitzen. Andere mauerten derweil die Wände des Schachts aus, damit diese nicht einstürzten. Je tiefer die Arbeiter kamen, desto knapper wurde die Luft und umso langsamer gingen die Arbeiten voran. Am Ende waren fast 15 Jahre vergangen, ehe das Grundwasser erreicht wurde. Nicht viel weniger anstrengend, als den Brunnen zu graben, war es später für die Burgbewohner, das lebenswichtige Wasser mit einem hölzernen Tretrad, das noch immer neben dem Brunnen steht, Eimer für Eimer aus der Tiefe zu ziehen.

Heute holt man auf der Ronneburg kein Wasser mehr herauf, sondern schüttet lieber welches hinunter. Für die Besucher, die sich eine Vorstellung von der Tiefe des Brunnens machen wollen – und das wollen fast alle – hängt ein Eimer griffbereit an einem Wasserhahn. Gleich daneben ist ein kleiner Automat an der Felswand befestigt. Wirft man 20 Cent hinein, erleuchten Scheinwerfer für einige Minuten den Brunnenschacht. Tief unten sieht man das Grundwasser glitzern. Kippt man Wasser durch das Abdeckgitter, dauert es etwa acht

GANZ UNTEN GLITZERT DAS GRUNDWASSER: DER BRUNNEN IST FAST
100 METER TIEF

Sekunden, bis man es aufschlagen hört. Ein Stein braucht nur
fünf. Fallhöhe, Erdbeschleunigung, Luftwiderstand: Vermutlich hat hier schon so mancher Physiklehrer versucht, seinen
Schülern die Gesetze des freien Falls zu erklären.

Der Brunnen ist zweifellos eine der Hauptattraktionen der
Ronneburg. Imposant gelegen auf einem Basaltkegel im
Hügelland zwischen Hanau und Büdingen, gehört sie zu den
ursprünglichsten Burganlagen in Deutschland. Seit dem 16.
Jahrhundert ist sie von Umbauten und Zerstörungen weitgehend verschont geblieben. Ein idealer Ort also, um einen
nahezu unverfälschten Eindruck von den Lebensbedingun-
gen und Wohnverhältnissen des Spätmittelalters zu bekommen. Auch deshalb, weil die Ronneburg kein steriler Muse-
umsbau, sondern eine Burg zum Anfassen ist.

Nicht umsonst sind ein großer Teil der Besucher Kinder. Schon seit einigen Jahren werden auf der Burg spezielle Programme für Schulklassen und Kindergärten angeboten; öfter feiern dort Kinder ihre Geburtstage. Gemeinsam mit einer Burgführerin erkunden die Jungen und Mädchen die alten Gemäuer und spielen Ritter und Burgfräulein. Es gibt einen kleinen Kursus in Wappenkunde sowie Bogen- oder Armbrustschießen und eine Flugvorführung der Greifvögel der burgeigenen Falknerei.

Doch auch den nicht mehr ganz so jungen Besuchern hat die Ronneburg eine Menge zu bieten: Herrschaftliche Gemächer mit Decken- und Wandmalereien aus der Renaissance, das Burgmuseum, eine Waffenkammer, die Hofstube mit ihrem beeindruckenden Sterngewölbe, die Burgküche, in der auf dem offenen Herd den ganzen Tag ein Holzfeuer brennt, einen mit großem Aufwand restaurierten Wehrgang und nicht zuletzt den 33 Meter hohen Bergfried mit seiner berühmten „welschen Haube". Von jedem der vier Erker aus hat man einen weiten Blick über Wälder, Felder, Wiesen und Ortschaften, im Westen erkennt man die Hochhäuser des Frankfurter Bankenviertels. Und nicht nur zum Anschauen ist die Burgkapelle: Mehrmals im Monat lassen sich dort Paare trauen, nebenan gibt es einen zum Standesamt umfunktionierten Raum. Auch Weinkeller, Küche und Hofstube lassen sich für Feiern mieten.

VOM BERGFRIED AUS KANN MAN BIS NACH FRANKFURT BLICKEN

IN DER BURGKÜCHE BRENNT STETS EIN FEUER –
ES SCHEINT, ALS WÜRDE SIE NOCH IMMER BENUTZT

Fast ebenso viele Besucher wie die mittelalterliche Anlage selbst zieht das umfangreiche Veranstaltungsprogramm um die Burg herum an. Von Kunstausstellungen und Konzerten über Märkte, Ritterturniere, historische Burgfestspiele bis hin zu mittelalterlichen Kochkursen, Schwertkampf- und Bogenbau-Seminaren gibt es fast alles, was irgendeinen Bezug zur Vergangenheit aufweist. Dass der Einfallsreichtum der Organisatoren – seit mehreren Jahren ist der Verein „Freunde der Ronneburg" für die Verwaltung und Vermarktung der Anlage zuständig – offenbar kaum Grenzen kennt, hat einen einfachen Grund: Von den Eintrittsgeldern allein sind der Unterhalt der Burg und ihre schrittweise Sanierung nicht zu finanzieren. Die zusätzlichen Einnahmen aus Veranstaltungen und Vermietungen werden dringend gebraucht. Nicht nur für weithin sichtbare Arbeiten wie die neue Fassade des Renaissance-Anbaus auf der Westseite, sondern auch für auf den ersten Blick nicht erkennbare Sicherungsmaßnahmen wie die mächtigen stählernen Träger, die in die Wände eingetrieben wurden, um sie vor dem Einsturz zu bewahren.

TAFELN WIE EIN BURGHERR: DER RITTERSAAL KANN FÜR PRIVATE
FEIERN GEMIETET WERDEN

Finanzielle Erwägungen waren es auch, die den Eigentümer
der Burg, Fürst Wolfgang zu Ysenburg und Büdingen, 2004
dazu veranlassten, die Burg zu verkaufen. Fast 500 Jahre lang
hatte sich die Ronneburg im Besitz des Hauses Ysenburg-
Büdingen befunden, einer Seitenlinie der Ysenburger Grafen,
die sich am Ende des Mittelalters in die Zweige Büdingen,
Offenbach und Wächtersbach geteilt hatten. Ihre Gebiete
gingen später größtenteils im Großherzogtum Hessen auf.

Die Ysenburger waren allerdings nicht die ersten Herren
auf der Ronneburg, deren Geschichte weiter zurückreicht.
Erstmals urkundlich erwähnt wurde die Burg im Jahre 1258,
doch spricht einiges dafür, dass sie schon gut dreißig Jahre
früher errichtet worden war. Ihr Name leitet sich vermutlich
von dem althochdeutschen Wort „Rone" ab, das soviel wie
„umgefallener Baum" bedeutet und auf eine ursprünglich mit
Palisaden befestigte Anlage hindeutet.

Unter den Staufern diente die Burg dem Schutz der Han-
delsstraßen in der Mainebene und in der Wetterau. In den
Besitz der Familie von Ysenburg-Büdingen gelangte sie
dann 1476. Unter Philipp von Ysenburg-Büdingen wurde
sie von einer alleine militärischen Zwecken dienenden Befes-

tigungsanlage zu einer herrschaftlichen Residenz ausgebaut. Zu jener Zeit erhielt die Ronneburg ihre heute noch sichtbare Gestalt.

Anfang des 18. Jahrhunderts machte ein Toleranzedikt des Grafen Ernst-Kasimir von Ysenburg-Büdingen die Burg für mehr als hundert Jahre zu einem Zufluchtsort für Hugenotten, Waldenser, Juden und andere wegen ihres Glaubens Verfolgte. 1736 lebte der berühmte Theologe und Erweckungsprediger Nikolaus Graf von Zinzendorf mit seiner Herrnhuter Brüdergemeinde einige Zeit auf der Ronneburg, die in der Folge zu einem vielbesuchten Wallfahrtsort wurde. Nachdem Zinzendorf die Burg verlassen hatte, um sich ganz in der Nähe auf der Herrnhaag bei Büdingen niederzulassen, blieb eine Restgemeinde auf der Ronneburg zurück, die in zahlreiche religiöse Einzelgruppen gespalten war. Als letzte

DIE BURG BIETET EINE PRÄCHTIGE KULISSE FÜR HISTORISCHE FESTE UND RITTERSPIELE

dieser Gruppen verließen 1832 die „Inspirierten" die Burg in Richtung Amerika.

Seit Anfang des 19. Jahrhunderts ist die Ronneburg das, was sie auch heute noch ist: eines der beliebtesten Ausflugsziele im Rhein-Main-Gebiet. Seit 1905 steht sie unter Denkmalschutz. Auch Ritter gibt es dort noch, allerdings keine mit Pferd und Rüstung. Zu den modernen „Rittern der Ronneburg" zählen vielmehr bekannte Jazzmusiker wie Chris Barber, Paul Kuhn, Emil Mangelsdorff und Klaus Doldinger. Seit 1990 wird auf der Ronneburg jedes Jahr eine Persönlichkeit zum Ritter geschlagen, die sich um den Jazz verdient gemacht hat. Wenn der zu Ehrende auf einem Kissen mit dem Wappen des Burgherrn kniet, das Haupt demütig vornübergebeugt und durch die Hand des Fürsten zu Ysenburg und Büdingen mit dem Schwert den Ritterschlag empfängt – spätestens dann ist das Mittelalter auf einmal wieder ganz nah.

Anfahrt: *Mit dem Auto erreicht man die Ronneburg über die Autobahn 66, Abfahrt Langenselbold/Ronneburg. Der weitere Fahrtweg ist ausgeschildert. Mit der Bahn fährt man entweder bis zum Hanauer Hauptbahnhof und von dort mit einem Pendelbus weiter bis zur Burg. Oder man nimmt den Regionalexpress bis zum Bahnhof Langenselbold und steigt dort ins Taxi. Wer gerne wandert, kann die sechs Kilometer bis zur Burg auch zu Fuß zurücklegen.*

Öffnungszeiten: *Die Burg ist täglich außer montags von 10 bis 18 Uhr geöffnet. Von Dezember bis Februar ist sie geschlossen. Führungen sind jederzeit möglich, um Anmeldung wird gebeten unter der Telefonnummer 0 60 48/95 09 05.*

Eintritt: *Der Eintritt kostet 4 Euro, ermäßigt 3,50 Euro, Kinder zwischen fünf und 14 Jahren zahlen 3 Euro. Eine Familienkarte für Familien mit zwei und mehr Kindern gibt es für elf Euro. Bürger der Gemeinde Ronneburg haben freien Eintritt. Führungen kosten tagsüber pauschal 13 Euro, abends und am Wochenende 17 Euro. Für die Falknerei auf der Ronneburg ist ein zusätzlicher Eintrittspreis von 4,50 Euro, ermäßigt 4 Euro zu zahlen.*

9. BURG FRANKENSTEIN

EINE RUINE IM ODENWALD, SCHAURIG UND SCHÖN

Die Burg Frankenstein: Ein gewaltiges, düsteres Gebäude, zerbrochene Mauern, mystisch und mächtig im grauen Novembernebel – aber wundervoll leuchtend im hellen Licht des Mondes. Besucher haben einen großartigen Blick über den Rhein bis hin zu den blauen Bergen auf der anderen Seite des Flusses und auf eine Kirche, drüben, über dem silberglitzernden Wasser." So beschrieb vor fast 200 Jahren die englische Schriftstellerin Mary Shelley die Ruine der Burg Frankenstein, südlich von Darmstadt zwischen Eberstadt und dem Mühltaler Ortsteil Nieder-Beerbach gelegen, hoch oben auf dem letzten Ausläufer des Odenwalds.

Mary Shelley lernte die Burg während einer Rheinreise 1816 kennen. Diese Reise führte sie bis in die Schweiz an den Genfer See, wo sie den Sommer zusammen mit ihrem späteren Mann Percy Shelley im Hause Lord Byrons verbrachte. Da es unablässig regnete, vertrieben der Hausherr und seine Gäste sich die Zeit mit dem Schreiben von Schauergeschichten. Dabei entstand Mary Shelleys weltberühmter, 1818 veröffentlichter Roman „Frankenstein oder Der neue Prometheus". Der Roman erzählt die Geschichte des jungen Schweizer Arztes Victor Frankenstein, der als Student an der damals sehr angesehenen Universität Ingolstadt aus Leichenresten einen menschenähnlichen Körper formt und diesen zum Leben erweckt.

Es gilt mittlerweile als sicher – nicht zuletzt dank der jahrelangen Forschungen des ehrenamtlichen Frankensteiner „Burgschreibers" Walter Scheele –, dass die Burg im Odenwald der Schriftstellerin bei der Namensgebung ihres Protagonisten Pate stand. Es könnte sogar sein, dass Shelley sich von der Person des Arztes, Theologen und Alchimisten Johann Konrad Dippel inspirieren ließ, der 1673 als unehelicher Sohn eines Konrad von Frankenstein auf der Burg geboren worden war. Auf der Suche nach einem „Elixier des Lebens" soll Dippel allerlei obskure Experimente auf dem Frankenstein getrieben haben. In den umliegenden Dörfern kursierten Gerüchte, Dippel stehe mit dem Teufel im Bund, grabe nachts heimlich Leichen aus und trenne ihnen die Glieder vom Rumpf. Auch sammle er Blut von jungen Mädchen und Kindern, um es in seinem Labor im Keller der Burg in Flaschen aufzubewahren.

Dippel soll es auch gewesen sein, der bei einem seiner Versuche mit explosiven Chemikalien den halben Pulverturm der Burg in die Luft gejagt hat. Der zerstörte Turm, etwas außerhalb und hinter der Südmauer gele-

AUFSTIEG ZUM WOHNTURM

gen, wurde nicht wieder aufgebaut. Dagegen lässt die Burgmauer, die die Ruine zu dem Wald ringsumher abgrenzt, deutlich die Renovierungsarbeiten vergangener Jahre erkennen.

Gut erhalten ist auch der Torturm, durch den die Besucher heute den Innenhof der Anlage betreten. Er ist auf der Rückseite offen und sollte es in das Burginnere eingedrungenen Feinden unmöglich machen, sich dort zu verschanzen. Tatsächlich ist die Burg in ihrer langen Geschichte allerdings niemals angegriffen worden. Zur Rechten liegen die Reste des Palas, des Hauptwohngebäudes der Burg, und des Küchentraktes. Daran an schließt sich ein Wohnturm, der zugleich den nicht vorhandenen Bergfried ersetzte. Von ihm aus hat man einen weiten Blick über das Rheintal im Westen und bis zum Spessart jenseits des Mains im Osten.

GENIESSEN STATT GRUSELN: IM HELLEN LICHT DES TAGES LOCKEN RUHE
UND EINE HERRLICHE AUSSICHT

IN DER KLEINEN KAPELLE FINDEN AUCH HEUTE NOCH TRAUUNGEN STATT

Die anderen inneren Gebäude sind nicht erhalten, mit Ausnahme einer Kapelle, in der heute noch Trauungen stattfinden. In ihr findet man außerdem mehrere zum Teil reich verzierte Grabmale aus dem 16. und 17. Jahrhundert. Im nördlichen Teil der Anlage, wo sich früher Pferdeställe, Scheune und Wohnhaus für Knechte und Mägde befanden, wurde in den sechziger Jahren ein Restaurant mit Aussichtsterrasse errichtet.

Erstmals erwähnt wurde die Burg in einer Urkunde aus dem Jahr 1252; sie dürfte allerdings einige Jahrzehnte älter sein. Erbaut wurde sie von Konrad II. Reitz von Breuberg, der durch eine Heirat mit Elisabeth von Weiterstadt zu dem Baugrund gekommen war. Seine Nachkommen legten ihren alten Titel ab und nannten sich nach der Burg Frankenstein. Das Herrschaftsgebiet der Frankensteiner, das zunächst Teile von Nieder-Beerbach und Eberbach umfasste, vergrößerte sich Ende des 13. Jahrhunderts, als Friedrich von Frankenstein den mächtigen Grafen von Katzenelnbogen das Öffnungsrecht an seiner Burg einräumen musste. Die Katzenelnbogener als Landesherren konnten fortan im Kriegsfall frei über die Burg verfügen, während der Burgherr ihnen mit seinen Rittern und Soldaten zur Seite stehen musste. Die Frankensteiner erhielten im Gegenzug Rechte in Groß-Gerau, Zwingenberg und Darmstadt.

Das Verhältnis der beiden Häuser blieb indes gespannt. Immer wieder kam es zu Querelen, etwa darüber, wer am Frankenstein Wegezoll kassieren durfte. Zu Beginn des 17. Jahrhunderts starben die beiden Hauptlinien des Geschlechts der Frankensteiner aus. Schon länger beanspruchten die Landgrafen von Hessen als Erben der ebenfalls ausgestorbenen Grafen von Katzenelnbogen die Oberhoheit über die kleine Herrschaft Frankenstein. 1662 schließlich verkauften die Nachfahren der Frankensteiner die Burg samt Herrschaft an das Darmstädter Fürstenhaus. Mit dem Erlös aus dem Verkauf erwarben die ehemaligen Herren von Frankenstein einen neuen Besitz in Mittelfranken.

Die Burganlage begann in den Jahren nach dem Verkauf zusehends zu verfallen; die neuen Herren hatten kein großes Interesse an ihr. Bis zum 18. Jahrhundert diente sie als Invalidenhaus und Militärstrafanstalt. Von 1765 an existierte nur noch ein Forsthaus auf dem Gelände. Die Burgmauern wurden abgetragen, die Steine andernorts verbaut. Erst im 19. Jahrhundert wurde die Ausbeutung der Anlage gestoppt und ihrem Verfall entgegengewirkt. Der Darmstädter Großherzog Ludwig III. gab Anweisung, sie in „romantischer Weise" zu sichern. Leider wurde sie in der Folge mehr schlecht als recht restauriert, und viele Spuren der ursprünglichen Anlage gingen verloren. Ihre heutige Gestalt trägt die Burg erst seit wenig mehr als 100 Jahren.

Es waren in Darmstadt stationierte amerikanische Soldaten, die der Burg in den siebziger Jahren zu neuer Popularität verhalfen, indem sie dort erstmals eine große Halloween-Party ver-

IM 17. JAHRHUNDERT BEGANN DIE BURG ZU VERFALLEN

DER BURGHOF: SCHAUPLATZ DES GRÖSSTEN HALLOWEEN-SPEKTAKELS IN DEUTSCHLAND

anstalteten. Mittlerweile findet auf Burg Frankenstein alljährlich an drei Wochenenden im Oktober und November das angeblich größte Grusel-Spektakel Deutschlands statt. So groß ist der Andrang, dass die Zufahrtswege abgesperrt werden und ein Bustransfer eingerichtet wird. Einer keltischen Legende zufolge sollen an Allerseelen, also am 1. November, die im Laufe des Jahres Verstorbenen als Geister zurückkehren. Dabei versuchen sie, sich der Körper der Lebenden zu bemächtigen, um selbst wieder lebendig zu werden. Um das zu verhindern, löschten die Menschen am Abend vor Allerheiligen, am „All Hallows' Evening", alle Lichter, hüllten sich in Lumpen und verunstalteten ihre Gesichter mit Dreck und Farbe. So – oder so ähnlich – halten es auch die Besucher des Halloween-Spektakels auf dem Frankenstein und lassen sich dabei von professionellen Schauspielern und zahlreichen Spezialeffekten erschrecken und unterhalten.

Gegen die modernen Hexen, Zombies und Folterknechte wirkt das Monster, das Victor Frankenstein in Mary Shelleys Roman erschuf, wie ein Waisenknabe. Und auch der berüchtigte Alchimist Dippel wird bei ihrem Anblick lieber auf dem sicheren Dach der Kapelle bleiben. Denn dort soll er heute noch in kalten Winternächten hocken, mit den Knochen klappern und laut klagend Einlass in sein altes, längst verschüttetes Labor fordern.

FRANKENSTEINS LABOR? IM PULVERTURM TRIEB DER ALCHIMIST KON-
RAD DIPPEL SEIN UNWESEN

Anfahrt: *Die Burg Frankenstein liegt an der nördlichen Bergstraße in unmittelbarer Nähe der Autobahn 5. Mit dem Auto erreicht man sie leicht, wenn man die Ausfahrt Pfungstadt nimmt und den Hinweisschildern folgt. Wer öffentliche Verkehrsmittel bevorzugt, kann von Darmstadt-Eberstadt aus mit dem Bus bis zur Haltestelle Frankenberger Mühle (Nieder-Beerbach) fahren. Dort beginnt der direkte Aufstieg zur Burg über die 251 Stufen der sogenannten Himmelsleiter. Ein bequemer Waldweg findet dort ebenfalls seinen Anfang.*
Öffnungszeiten: *Burg und Kapelle sind das ganze Jahr über geöffnet.*
Eintritt: *Der Eintritt ist frei, doch werden Besucher gebeten, einen kleinen Obolus in die Spendenkasse am Eingang zu legen. Das Burgrestaurant mit großer Aussichtsterrasse hat täglich außer montags von 10 bis 22 Uhr geöffnet, im Januar und Februar nur am Wochenende und von 11 bis 18 Uhr. Führungen sind nach Anmeldung unter der Telefonnummer 0 61 51/50 15 01 jederzeit möglich. Auch museumspädagogische Erlebnistage für Schulklassen und Kindergeburtstage werden angeboten.*

10. Schloss Auerbach

Wo die Blicke endlos in die Ferne schweifen

Wenn der Landgraf von Katzenelnbogen vor rund 600 Jahren von einem der beiden Türme seiner Burg Auerbach bei Bensheim an der Bergstraße blickte, bot sich ihm eine ähnlich spektakuläre Aussicht wie dem heutigen Besucher: Viele Kilometer weit schweift der Blick über die grünen Hügel des Odenwalds in der einen, über das flache Land der Rheinebene bis zur Vorderpfalz in der anderen Richtung.

Dass man den Rhein selbst, der auf Höhe der Burg ungefähr die halbe Strecke zwischen Ludwigshafen und Mainz zurückgelegt hat, in der Ferne nur erahnen kann, dürfte den Grafen eher gefreut als geschmerzt haben. Konnte er daran doch ermessen, wie reich und mächtig sein Geschlecht mittlerweile geworden war. Die Stammburg der Familie befand sich nämlich mehr als einhundert Kilometer entfernt in dem kleinen Ort Katzenelnbogen im nördlichen Taunus nahe der Loreley, wo sie Heinrich I., Vogt des Klosters Bleidenstadt, um 1095 erbaut hatte.

Dort also begann im 12. Jahrhundert der märchenhafte Aufstieg der Familie. Ihren schnell wachsenden politischen Einfluss verdankten die Katzenelnbogener nicht zuletzt ihren verwandtschaftlichen Beziehungen zu den damals in Deutschland herrschenden Staufern. 1138 wurde Heinrich II. von Katzenelnbogen von König Konrad III. in den Reichsgrafenstand erhoben. Drei Jahre später berief Konrad III. Philipp von Katzenelnbogen zum Bischof von Osnabrück, 1174 ernannte Kaiser Friedrich I. Hermann von Katzenelnbogen zum Bischof von Münster. Hermanns Bruder Diether war Kanzler des Kaisers und starb 1191 bei dessen Italienfeldzug. Sieben Angehörige der Familie unternahmen Orientreisen oder nahmen an Kreuzzügen teil.

Die Grafen von Katzenelnbogen waren aber nicht nur einflussreich in der Politik, sie waren auch geradezu unermesslich reich. Dazu verhalfen ihnen vor allem ihre zahlreichen Zoll-

SEIT MEHR ALS 300 JAHREN WÄCHST EINE WALDKIEFER AUF DEM OBE-
REN WEHRGANG

stellen am Rhein, wie etwa Gernsheim, Mainz, Kaub, St. Goar, Boppard, Oberlahnstein, Linz, Bonn und Düsseldorf. Im Jahr 1245 ließ Diether V. von Katzenelnbogen die links-rheinische Zollburg Rheinfels bei St. Goar errichten, der das nächste Kapitel gewidmet ist. Darüber hinaus warfen auch die zahlreichen landwirtschaftlichen Güter der Grafen erhebliche Gewinne ab. Hinzu kamen schließlich noch nicht weniger als sechzehn Burgen, die sich im Besitz der Familie befanden. In der Reichssteuerliste des Jahres 1431 stand das Haus Katzen-elnbogen hinter dem Haus Württemberg an zweiter Stelle.

Die Familiengeschichte war bis dahin allerdings nicht immer harmonisch verlaufen. So hatte sich das Haus Katzenelnbogen 1260 in zwei Linien gespalten. Die ältere Linie mit Sitz auf der Burg Rheinfels herrschte fortan über die Niedergrafschaft Kat-zenelnbogen mit den Orten Katzenelnbogen, Hohenstein, Braubach, Reichenberg, Burgschwalbach, Neu-Katzenelnbogen und St. Goar. Die jüngere Linie verwaltete die südlicher gelege-ne Obergrafschaft mit Darmstadt, Reinheim, Lichtenberg, Auerbach, Zwingenberg, Dornberg und Rüsselsheim. Eberhard I., der Begründer der jüngeren Linie, trat 1275 in die Dienste des Königs Rudolf von Habsburg und wurde einer seiner bewährtesten Räte. Sein Nachfahre Wilhelm I. erhielt 1330 von Kaiser Ludwig IV. das Stadtrecht für seinen Ort Darmstadt. Erst 1402 wurde durch die Heirat der Gräfin Anna (ältere Linie) mit Graf Johann IV. (jüngere Linie) das Haus wieder geeint.

Bei der Sicherung und Verteidigung ihrer umfangreichen Besitzungen an der Bergstraße profitierte die jüngere Linie davon, dass die Katzenelnbogener schon um 1230, also gut 30 Jahre vor der Teilung der Grafschaft, auf dem Urberg bei Bensheim im Odenwald eine mächtige Wehrburg errichtet hatten. Das Land hatten sie hauptsächlich vom Kloster Lorsch erworben. In der zweiten Hälfte des 14. Jahrhunderts ließen die neuen Herren dann umfangreiche Neu- und Erweiterungsarbeiten ausführen, durch die die Anlage in etwa ihre heute noch sichtbare Gestalt erhielt und die ihr auch die Bezeichnung „Schloss" eintrugen.

FREILUFTBÜHNE: IM BURGHOF FINDEN THEATERAUFFÜHRUNGEN UND KONZERTE STATT

Besonders markant ist der dreieckige Grundriss, auf dessen
Südseite sich der vierstöckige Palas erhebt. In der Ostecke des
Burghofs befand sich der Brunnen. Von den ursprünglich drei
Türmen sind zwei erhalten. Anstelle des im 14. Jahrhundert
nach einem Erdbeben eingestürzten Bergfrieds errichtete man
an der dem Berg zugewandten Ostseite der Burg eine starke
Bastion zur Aufstellung der Kanonen. Zwei Ringmauern
umfassen die Anlage. Die ältere ist mit einem Wehrgang aus-
gestattet, den man erklimmen kann. Auf dem Weg zum nördlichen Turm passiert man in luftiger Höhe eine im Mauerwerk
wurzelnde Waldkiefer, die mehr als 300 Jahre alt ist. Im Sommer kann es gut sein, dass der Burghof zu einer Freiluft-Bühne
umfunktioniert wird: Regelmäßig finden auf Schloss Auerbach Theateraufführungen und Konzerte statt. Das Schlossres-
taurant bietet zudem das ganze Jahr über „Erlebnisgastrono-
mie" mit Ritterturnieren und mittelalterlichen Spielen an.

Man kann Auerbach aber auch sehr gut als Ausgangspunkt
zu einer Wanderung durch die umliegenden Wälder nutzen.
Wer ausreichend Zeit und ein wenig Kondition mitbringt,
sollte unbedingt dem im Tal gelegenen „Fürstenlager" einen
Besuch abstatten. Der mehr als 40 Hektar große Park entstand
um 1790 als Sommerresidenz der Landgrafen und Großherzöge von Hessen-Darmstadt. Inmitten exotischer Pflanzen und
Bäume erheben sich mehrere fast unverändert erhalten geblie-
bene barocke Gebäude, darunter das ebenso schlichte wie
schöne Herrenhaus, heute Café, Restaurant und Hotel.

Zumindest indirekt nimmt der Park auch die Geschichte
des Schlosses Auerbach und des Hauses Katzenelnbogen wieder auf. Denn als der letzte Graf von Katzenelnbogen, Philipp
der Ältere, am 14. Juli 1479 ohne männliche Nachkommen
starb, fiel sein gesamter Besitz – 225 Ortschaften, neun Städte
und ein Dutzend Schlösser und Burgen – an seinen Schwie-
gersohn Heinrich III., den Landgrafen von Hessen. Bis heute
ist der Titel „Graf zu Katzenelnbogen" Bestandteil des Famili-
ennamens im Hause Hessen. Und das mit gutem Recht, denn
erst mit dem Katzenelnbogener Erbe begann unter Philipp

dem Großmütigen (1517–1567) der Aufstieg der kleinen Landgrafschaft Hessen zu einem der bedeutenderen Staaten des Alten Reiches.

Nach Philipps Tod allerdings war es damit auch schon wieder vorbei. Das Land zerfiel in vier Teile: Hessen-Kassel, Hessen-Marburg, Hessen-Rheinfels und Hessen-Darmstadt. Die Linien Rheinfels und Marburg starben schon bald wieder aus; danach stritten Kassel und Darmstadt lange um das hessische und damit auch um das Katzenelnbogener Erbe, das zwischen den beiden konkurrierenden Häusern aufgeteilt wurde. Nach der Gründung des Rheinbundes 1806 gehörten die südlichen ehemals katzenelnbogischen Gebiete zum neu entstandenen Großherzogtum Hessen (Darmstadt), die nördlichen Teile fielen an das Herzogtum Nassau (Kassel), 1866 dann an Preußen. Erst 1945 wurde das geteilte Katzenelnbogener Land wieder im neuen Bundesland Hessen vereint – mit Ausnahme der linksrheinischen Besitzungen wie St. Goar, die seitdem zu Rheinland-Pfalz gehören.

Solange Schloss Auerbach den Landgrafen von Hessen-Darmstadt gehörte, wurde es von einem Amtmann oder Burggrafen verwaltet. Im Jahre 1674 wurde die Anlage zum ersten Mal in ihrer Geschichte erobert und schwer beschädigt. Im Krieg des französischen Königs Ludwig XIV. gegen Holland zog der französische Marschall Turenne den Rhein herunter und fiel mit seinen Truppen in die Städte und Dörfer an der Bergstraße ein. Die Bewohner von Auerbach, Hochstätten und Balkhausen suchten Schutz hinter den vermeintlich sicheren Mauern der Burg. Doch durch einen unterirdischen Gang drangen Turennes Soldaten in die Burg ein und beschädigten sie schwer.

In den folgenden Jahrzehnten begann die Anlage immer weiter zu zerfallen, und nur ihre schwer zugängliche Lage verhinderte, dass das Mauerwerk vollständig abgetragen und zum Häuserbau benutzt wurde. 1820 stürzte der nördliche Turm ein. Erst dreißig Jahre später baute man ihn wieder auf. Der Burgenromantik des 19. Jahrhunderts war es zu verdanken, dass der Großherzog von Hessen sich nun wieder intensiver um seinen Besitz kümmerte. Zu Beginn des 20. Jahr-

SEIT DEM 19. JAHRHUNDERT WIRD DIE ROMANTISCHE SCHLOSSRUINE
ERHALTEN UND RESTAURIERT

hunderts kam die Burg dann unter die Obhut der hessischen
Denkmalpflege. Schließlich haben umfangreiche Restaurie-
rungsarbeiten innerhalb der vergangenen dreißig Jahre dazu
beigetragen, dass Schloss Auerbach heute ein eindrucksvolles
mittelalterliches Baudenkmal ist – und ganz sicher eines der
am schönsten gelegenen.

> **Anfahrt:** *Der Weg zum Schloss führt über die Autobahn 5
> bis zur Abfahrt Zwingenberg und von dort weiter auf die
> Bundesstraße 3 in Richtung Bensheim-Auerbach. Die
> beschilderte Abfahrt zum Schloss liegt etwa auf halber
> Strecke zwischen Zwingenberg und Bensheim-Auerbach.*
> **Öffnungszeiten:** *Die Ruine ist das ganze Jahr über
> täglich von 10 bis 17 Uhr geöffnet, der Eintritt ist kosten-
> los. Über die Öffnungszeiten des Schlossrestaurants und
> die verschiedenen Veranstaltungen, die dort angeboten
> werden, kann man sich unter der Telefonnummer
> 0 62 51 / 7 29 23 informieren.*

11. Burg Rheinfels

MACHTVOLLE FESTUNG ÜBER DEN STROM

Heinrich von Kleist kam aus dem Schwärmen gar nicht mehr heraus: „Das ist eine Gegend wie ein Dichtertraum", schrieb er 1801, nachdem er mit dem Schiff von Mainz nach Koblenz gefahren war, „und die üppigste Phantasie kann nichts Schöneres erdenken als dieses Tal, das sich bald öffnet, bald schließt, bald blüht, bald öde ist, bald lacht, bald schreckt."

Dabei dürfte den Romantiker Kleist die wilde Schönheit des mittleren Rheintals mit seinen steilen Felshängen, engen Schluchten und üppigen Weinbergen ebenso in ihren Bann gezogen haben wie die zu beiden Seiten des Stromes auf hohen Felsen thronenden mächtigen mittelalterlichen Festungen. Ihre Vielzahl ist einzigartig in der Welt: Rund vierzig Burgen und Schlösser säumen die 65 Kilometer lange Strecke von Bingen nach Koblenz. Die meisten von ihnen entstanden zwischen dem 12. und dem 14. Jahrhundert und künden von der kriegerischen Vergangenheit dieses Landstrichs, als der Rhein eine der wichtigsten Handelsrouten Europas war – und Zankapfel zahlreicher Herren, unter ihnen die Erzbischöfe von Köln, Mainz und Trier, Pfalzgrafen und Landgrafen, reichsfreie Städte und allerhand niederer Adel.

Die größte und mächtigste der Rheinfestungen war Burg Rheinfels, die Graf Diether V. von Katzenelnbogen 1245 auf einem Felssporn oberhalb des Städtchens St. Goar auf dem linken Rheinufer errichten ließ. Mit ihrer Hilfe war es ihm möglich, Zoll von den rheinaufwärts fahrenden Schiffern zu kassieren. Die Schiffe wurden mit Seilen oder Ketten gestoppt, die Waren kontrolliert, erfasst und tarifiert, dann waren die entsprechenden Abgaben zu zahlen. Ein äußerst einträgliches Geschäft, das den Katzenelnbogenern viele Tausend Goldgulden im Jahr einbrachte und sie bis zum Aussterben des Geschlechts 1479 zu einem der reichsten Adelshäuser in Deutschland werden ließ (siehe auch voriges Kapitel).

Nur zehn Jahre nach der Errichtung von Burg Rheinfels erhöhte Graf Diether den Zoll, obwohl er erst kurz zuvor dem Rheinischen Städtebund beigetreten war. Diesem Bündnis, das nur drei Jahre, von 1254 bis 1257, existierte, gehörten 59 Städte an, unter anderem Mainz, Worms, Oppenheim, Bingen, Frankfurt und Köln, aber auch Zürich, Aachen, Bremen, Lübeck und Nürnberg. Ziel ihres Zusammenschlusses war es zum einen, Konflikte zu vermeiden und durch eine eigene Kriegsflotte den Handelsverkehr auf dem Rhein zu schützen. Daneben wollten die Mitglieder des Bundes aber auch die etwa dreißig verschiedenen Rheinzölle abschaffen, über die sich die Händler allenthalben bitter beklagten. Diese Forderung passte allerdings gar nicht zu den Plänen des Grafen Diether, der die Baukosten für seine Burg wieder hereinholen wollte. So kam es zum Bruch mit dem Rheinischen Städtebund, der Truppen nach St. Goar schickte, um den widerborstigen Grafen in seine Schranken zu weisen und Burg Rheinfels zu besetzen. Doch die hielt stand.

DIE ANLAGE GALT LANGE ALS UNEINNEHMBAR

Angeblich belagerten achttausend Fußknechte, eintausend Reiter und fünfzig Schiffe fast sechzehn Monate lang die Burg, ehe sie sich geschlagen geben mussten und unverrichteter Dinge wieder abzogen. Auch wenn diese Zahlen wahrscheinlich stark übertrieben sind, erwarb Burg Rheinfels sich durch diese Episode schon früh in ihrer Geschichte den Ruf, uneinnehmbar zu sein.

DEN DREISTÖCKIGEN PALAS ZIERTE EINST EINE FACHWERKFASSADE MIT SPITZEN GIEBELN

In der Tat: Wenn man inmitten der mächtigen Mauern steht oder von den meterdicken Wällen der Wehrgänge in die Tiefe blickt, ist es noch heute schwer vorstellbar, wie diese Festung mit den damaligen Mitteln der Kriegsführung hätte erobert werden sollen. Zumal die Nachkommen des geschäftstüchtigen Grafen Diether erst recht über die finanziellen Mittel verfügten, um die Burg weiter auszubauen und noch sicherer zu machen. So entstand im 14. Jahrhundert beispielsweise ein mehr als 50 Meter hoher Bergfried, von dem aus man weit in den Taunus und den Hunsrück blicken konnte – das war Rekord in Deutschland. Von dem Turm ist heute leider nur noch der Stumpf zu sehen. Anderes hat sich besser erhalten oder wurde wieder aufgebaut, so dass man die

Entwicklung der Rheinfels von einer mittelalterlichen Höhenburg zu einer neuzeitlichen Festung gut nachvollziehen kann. Die beeindruckendsten der erhaltenen Teile der Kernburg sind der dreistöckige Palas, auch Darmstädter Bau genannt, der zur Renaissancezeit aus Fachwerk mit spitzen Giebeln bestand, der nördliche Wohnbau mit einem rheinseitigen Eckrundturm und einem hofseitigen Treppenturm, in dem heute das Burgmuseum untergebracht ist, und der Torturm, durch den man die Anlage betritt.

Von der Spitze des Torturms aus sieht man auf der gegenüberliegenden Seite des Rheins die Burg Katz, die die Grafen von Katzenelnbogen um 1370 errichten ließen. Dadurch wurde es möglich, auch von den rheinabwärts fahrenden Schiffen Zoll zu verlangen – den St. Goarer Doppelzoll nannten das die wenig erfreuten Zeitgenossen. Etwas weiter flussabwärts erkennt man außerdem Burg Maus, eine Gründung des Erzbischofs von Trier, eines Rivalen der Katzenelnbogener. Burg Katz gehört heute einem japanischen Millionär, auf Burg Maus ist ein Adler- und Falkenhof untergebracht.

Die umfangreichsten Neu- und Umbauten auf Burg Rheinfels ließen die hessischen Landgrafen vornehmen, die 1479 die Besitztümer der Grafen von Katzenelnbogen geerbt hatten. Unter ihnen wurde die Burg zu einem repräsentativen Residenzschloss umgestaltet. Im Zuge dessen entstand übrigens gegen Ende des 16. Jahrhunderts auch der große Weinkeller, der mit einer Länge von 24, einer Spannweite und Höhe von je sechzehn Metern als der größte freitragende Gewölbekeller in Europa gilt. Die Mauern sind an

BLICK VOM NÖRDLICHEN WOHNBAU ZUM TORTURM

einigen Stellen knapp vier Meter dick. In dem Keller befand sich früher ein gemauertes Weinfass mit einem Fassungsvermögen von etwa 200 000 Litern. Vor zehn Jahren wurde der Keller umfassend renoviert und in seinen ursprünglichen Zustand versetzt. Seither dient er als Veranstaltungsort für Konzerte, Theateraufführungen und Firmenfeiern.

Die hessischen Grafen waren es aber auch, die seit der Wende zum 16. Jahrhundert die starken vorgelagerten Festungswerke rund um die Rheinfels errichteten. Damit zeigten sie zunächst, dass sie die Zeichen der Zeit erkannt hatten: Die Erfindung des Schießpulvers und der Einsatz von Kanonen machten die mittelalterlichen Burgen verwundbar. Nicht ahnen konnten die Hessen zu jener Zeit freilich, dass sie selber einmal nicht nur Angegriffene, sondern auch Angreifer sein würden. Denn nach dem Tod des berühmten Landgrafen Philipp des Großmütigen 1567 und der Teilung der Grafschaft Hessen entbrannte zwischen den beiden hessischen Häusern Kassel und Darmstadt ein heftiger Streit um die Burg. Besonders während des Dreißigjährigen Krieges, als die Kasseler auf der Seite der protestantischen Union, die Darmstädter auf der Seite des katholischen Kaisers kämpften, lieferten die beiden Häuser sich blutige Kämpfe um die Burg Rheinfels.

Nach dem Ende des Krieges 1648 schlossen die verfeindeten Verwandten dann einen Vergleich, durch den die Burg Rheinfels und die Stadt St. Goar zwischen ihnen geteilt wurden. Ein Jahr darauf machte Landgraf Ernst von Hessen-Rheinfels-Rotenburg, Sohn des Landgrafen Moritz von Hessen-Kassel, Rheinfels zu sei-

BEGEHBARE WEHRGÄN-
GE DURCHZIEHEN DIE
METERDICKEN MAUERN

ner Residenz und ließ die Festungsanlagen noch einmal verstärken. Die erhaltenen Wehrgänge sind heute noch begehbar. Das gilt auch für die unterirdischen Minengänge, die bis weit vor die Burg getrieben worden waren, unter anderem um Sprengladungen unter den Truppen der Angreifer zünden zu können. Die Tunnel sind frei zugänglich, allerdings nicht beleuchtet, so dass man eine Taschenlampe mitbringen sollte, und sehr niedrig, was sie vor allem für Kinder interessant macht.

Die Verstärkung der Bollwerke auf der Bergseite der Burg unter Landgraf Ernst verhinderte 1692, dass die Franzosen, die unter dem „Sonnenkönig" Ludwig XIV. versuchten, die westlichen Teile des deutschen Reiches zu erobern, Rheinfels einnehmen und das Mittelrheintal besetzen konnten. Mit nur 4000 Mann verteidigte Graf Görtz, General des Landgrafen Karl von Hessen-Kassel, die Burg als letzten deutschen Stütz-

EIN LEHRPFAD FÜHRT DURCH DIE ÄUSSEREN BEFESTIGUNGEN

punkt gegen ein Heer von 28 000 französischen Soldaten. Obwohl Ludwigs Truppen mit sechzig Kanonen tagelang in die Burg hineinfeuerten, mussten sie schließlich ohne Erfolg abziehen. Hundert Jahre später jedoch nahten die Franzosen abermals, diesmal im Namen der Revolution und so zahlreich, dass sie die Festung kampflos eroberten.

Wie fast alle Burgen am Rhein zerstörten sie auch die Rheinfels: 1796 wurden die vorgelagerten Festungswerke gesprengt, 1797 das Schloss und der Bergfried. Zu Beginn des 19. Jahrhunderts standen am Rhein fast nur noch Ruinen. Viele wurden dann aber im Zuge der in dieser Zeit einsetzenden „Rheinromantik" ganz oder teilweise wieder aufgebaut. Die Reste der Rheinfels wurden 1812 von den Franzosen an einen St. Goarer Händler verkauft. Nachdem die Ruine eine Zeit lang Steinbruch zum Bau der Festung Ehrenbreitstein

HIER DROHTE GARANTIERT KEINE GEFAHR: DIE RHEINSEITE DER FESTUNG, IM HINTERGRUND BURG MAUS

bei Koblenz gewesen war, kaufte sie 1843 Prinz Wilhelm von Preußen, der spätere Kaiser Wilhelm I., und bewahrte sie vor weiteren Zerstörungen. Seit 1925 ist sie im Besitz der Stadt St. Goar. Zoll muss dort heute nur noch bezahlen, wer eine Nacht im exquisiten Schlosshotel verbringen will.

Anfahrt: Mit dem Auto erreicht man St. Goar und die Burg Rheinfels entweder über die Bundesstraßen 9 und 42, die links und rechts des Rheins verlaufen, oder über die Autobahn 61, die man nicht an der Ausfahrt St. Goar, sondern an der Ausfahrt Pfalzfeld verlässt. Von dort aus geht es weiter in Richtung St. Goar. Die Burg ist ausgeschildert. Vom Bahnhof in St. Goar führt ein Fußweg von etwa 10 Minuten hinauf zur Burg.

Öffnungszeiten: Von Mitte März bis Oktober ist Burg Rheinfels täglich von 9 bis 18 Uhr geöffnet, von November bis Mitte März nur samstags und sonntags von 11 bis 17 Uhr, sofern die Witterung es zulässt.

Eintritt: Der Eintritt kostet für Erwachsene vier Euro, für Kinder von sechs bis 14 Jahren zwei Euro. Eine Familienkarte für zwei Erwachsene und bis zu vier Kinder kostet zehn Euro. Führungen für Gruppen von mindestens zehn Personen finden von Mitte März bis Anfang November täglich statt. Anmelden kann man sich unter der Telefonnummer 0 67 41 / 77 53 oder 383. Die Gebühr für die Führung ist im Eintrittspreis enthalten. Wer die unterirdischen Minengänge erkunden will, sollte daran denken, eine Taschenlampe mitzubringen.

12. Schloss Weilburg

Das kleine Versailles an der Lahn

Man wird Graf Johann Ernst zu Nassau-Weilburg kein Unrecht tun, wenn man ihn einen kleinen Fürsten nennt. Bestand sein Herrschaftsgebiet, die Grafschaft Nassau-Weilburg, vor dreihundert Jahren doch aus einer Fläche von gerade einmal 21 Quadratmeilen und hatte nicht einmal 60 000 Einwohner. Einen dem eigenen Verständnis nach absolutistischen Herrscher wie Graf Johann Ernst hielt das aber nicht davon ab, seiner selbstempfundenen großen Bedeutung auch einen entsprechenden architektonischen Ausdruck zu verleihen. Und so ließ er die Burg, die seine Vorfahren Ende des 13. Jahrhunderts zusammen mit der Stadt Weilburg erworben hatten und die in der Renaissance zu einer vierflügeligen Schlossanlage umgestaltet worden war, von 1702 an zu einer gewaltigen barocken Residenz ausbauen. Noch heute hält man erstaunt inne, wenn man die weitläufige, prachtvolle Anlage zum ersten Mal majestätisch auf einem steilen Felsrücken über der Lahn thronen sieht. Zu einer Kleinstadt wie Weilburg scheint sie irgendwie nicht recht zu passen.

Das sah Graf Johann Ernst ganz anders. Denn er blickte nicht auf Weilburg, als er seinen kühnen Plan fasste, sondern ins ferne Frankreich, nach Versailles. Das kannte er, der einen Teil seiner Jugend in Frankreich verbracht hatte, aus eigener Anschauung. Und dort lebte der Mann, dem nicht nur Graf Johann Ernst, sondern noch viele andere bedeutende und weniger bedeutende Herrscher in Europa nacheiferten: König Ludwig XIV. Jeder kennt seinen berühmten Ausspruch „L'état, c'est moi! – Der Staat bin ich!" Er begründete den Alleinherrschaftsanspruch des Monarchen, die absolutistische Monarchie. Ludwig, geboren 1638, wurde schon im Alter von fünf Jahren König. Zunächst übte seine Mutter die Herrschaft für ihren minderjährigen Sohn aus, später regierte er mit Unterstützung des Ersten Ministers, Kardinal

Mazarin. Als dieser 1661 starb, ernannte Ludwig keinen Nachfolger für ihn, sondern konzentrierte alle Macht im Staate auf seine Person.

Vielen Adligen, die um ihre eigene Machtposition fürchteten, war das ein Dorn im Auge. Um sie ruhig zu stellen, ließ Ludwig sich etwas Raffiniertes einfallen: Er baute das Schloss Versailles vor den Toren von Paris zu einem prunkvollen

DER STADTPFEIFERTURM IM WESTFLÜGEL

Palast aus und etablierte eine auf seine Person zugeschnittene Hofkultur, die in ihrer verschwenderischen Pracht alles Dagewesene in den Schatten stellte. In Versailles spielte nicht nur im übertragenen Sinne die Musik, und wer etwas werden wollte in Frankreich, konnte es sich nicht leisten, sich diesem nie enden wollenden Spektakel aus Bällen, Diners und Gesellschaften zu entziehen. Anstatt seine regionale Macht zu festigen, wetteiferte der Adel nun um triviale Ehren wie die, dem König beim Ankleiden helfen zu dürfen. Ludwig stilisierte sich zum Sonnenkönig und schien ganz in dieser Rolle aufzugehen. In Wahrheit jedoch ging es ihm vor allem um die Sicherung seiner Macht. Die Art und Weise, wie er dieses Ziel erreichte, inspirierte viele andere europäische Fürsten, es ihm gleichzutun. Das „System Versailles" wurde prägend für die Zeit des Absolutismus.

Auch im Deutschen Reich, das damals in Dutzende Grafschaften und Fürstentümer zerfiel, orientierte man sich am Vorbild des französischen Königs und versuchte, dessen glanzvolle Hofhaltung nachzuahmen. Das führte zu einer Bautätigkeit größten Ausmaßes. Mit ihren umfangreichen Aufträgen an die großen Baumeister jener Zeit zur Aus- und Neugestaltung ihrer Burgen und Schlösser veränderten die Fürsten mehr und mehr das Erscheinungsbild ihrer Landeshauptstädte, schufen sie von weltlichen und kirchlichen Prachtbauten geprägte, mit Parkanlagen und Alleen großzügig gestaltete repräsentative Residenzstädte. Dabei war Barock die typische Kunstform des Absolutismus. Seine üppige Prachtentfaltung entsprach dem Streben der Herrscher nach Macht und historischer Größe. Eindrucksvolle Beispiele sind Wien – Schloss Schönbrunn galt als das „Versailles Österreichs" –, Berlin, Dresden, München, aber auch Hannover, Kassel, Düsseldorf, Bonn, Mainz, Würzburg, Mannheim und Karlsruhe. Und die mittelhessische Provinz Weilburg.

IM INNENHOF FINDEN DIE WEILBURGER SCHLOSSKONZERTE STATT

Unter der Leitung des Architekten und Baumeisters Julius
Ludwig Rothweil ließ Graf Johann Ernst nicht nur das
Renaissanceschloss um Verwaltungs-, Wirtschafts- und Gar-
tengebäude erweitern, sondern auch die Innenräume im
Barockstil umgestalten. Das Stadtbild von Weilburg änderte
sich ebenfalls: Für die Erweiterung des Schlossgartens und die
Umgestaltung des Marktplatzes mussten mehrere Dutzend
Häuser abgerissen werden. Die betroffenen Bürger erhielten
zur Entschädigung Bauplätze in der Vorstadt. Das Rathaus
wurde zusammen mit der Stadt- und Schlosskirche in einem
Bau untergebracht.

Während die äußere Form des Schlosses weitgehend unverändert erhalten geblieben ist – der von Stein und Fachwerk
geprägte Innenhof mit seinen zahlreichen Giebeln, Erkern
und Portalen dient heute den bekannten Weilburger Schloss-
konzerten als historische Kulisse –, wurde im Innern im Lauf
der Jahrhunderte immer wieder umgebaut. Wer die Räume
betritt, sieht im Wesentlichen den Stand des 19. Jahrhunderts. Das gilt auch für das Mobiliar, das Ende des 18. Jahrhunderts nahezu vollständig ausgetauscht wurde. Eine Ausnahme stellt das Badekabinett dar, das Graf Johann Ernst

DIE FÜRSTLICHE BADEWANNE AUS SCHWARZEM MARMOR

1711 anlegen ließ. In der Wanne aus schwarzem Schupbacher Marmor, in der bequem eine ganze Familie Platz fände, pflegte schon der Graf selbst zu baden. Für die damalige Zeit äußerst komfortabel war auch die Wasserzuleitung: Drei Hähne spendeten sowohl kaltes als auch heißes Wasser.

Auch das Prunkschlafzimmer ist durch und durch barock: Spiegelkabinett, kostbare Wandbespannungen, prächtige italienische Stuckarbeiten, dazu das scharlachrote Imperial-

DIENTE VOR ALLEM DER REPRÄSENTATION: DAS PRUNKSCHLAFZIMMER

bett nebst Baldachin. Die zahlreichen anderen herrschaftlichen Räume sind überwiegend im Empire-Stil gehalten. Der Schönheit des variantenreich gestalteten Parkettbodens, der seidenen Wandbespannungen, der Vertäfelungen, Stuckarbeiten, Kristallüster, Spiegelwände, Möbel und Gemälde tut das gleichwohl keinen Abbruch. Fürstliche Pracht allenthalben.

EDLE WANDBESPANNUNGEN AUS SEIDE, KRISTALLLÜSTER UND ...

Mit dem Schloss wurde auch der dazugehörige Park umgestaltet. Er wurde Teil eines architektonischen Gesamtkonzepts. Dahinter verbarg sich ein tieferer Sinn: Indem es dem Fürsten gelang, die Natur zu bändigen und ihre Pracht nach seinen Vorstellungen zu gestalten, zeigte er seine Macht und

... MÖBEL IM EMPIRE-STIL: FÜRSTLICHE PRACHT ALLENTHALBEN

seinen Reichtum. Barockgärten sind immer ganz und gar
künstliche, von Menschenhand geschaffene Räume. Vorbild
war auch hier wieder Versailles, wo für eine unvorstellbare
Summe Geldes tausende Arbeiter unter Anleitung berühm-
ter Gärtner und Architekten eine Landschaft von höchster
Regelmäßigkeit und perfekter Symmetrie geschaffen hatten.
Um dem Original auf dem zur Verfügung stehenden, eng
begrenzten Raum möglichst nahezukommen, beschäftigte
Graf Johann Ernst auch einen französischen Gartenbaumeis-
ter. Er und seine Kollegen vollbrachten tatsächlich eine
beachtliche Leistung.

EINIGE BAROCKE WANDMALEREIEN SIND ERHALTEN GEBLIEBEN

Der schlichte Weilburger Renaissance-Park wurde, wie es
den Regeln des barocken Gartenbaus entsprach, in verschie-
dene Terrassen unterteilt. Der größeren oberen Terrasse, die
man vom Schloss aus am besten sehen konnte, gaben 18 Statuen aus Blei, Wasserkünste aus Marmor und mehrere hundert Gewächskästen ihr damaliges Gesicht. Heute ist es vor
allem das Mitte des 18. Jahrhunderts angelegte Boskett aus
156 Linden, alle exakt 5,60 Meter hoch, das die Blicke der
Besucher anzieht. In die obere Terrasse integriert und von
zwei Treppen aus Schupbacher Marmor flankiert ist eine

DECKENGEMÄLDE UND STUKKATUREN IN DER OBEREN ORANGERIE, ...

... DEREN WÄNDE MIT GEMALTEN TAPETEN VERZIERT SIND

Orangerie, die im Winter exotische Pflanzen beherbergte und heute zum Teil als Café genutzt wird. Ihre Fassade ist dem Grand Trianon von Versailles nahezu original nachempfunden. Auf ihrem Dach stehend genießt man die „Kavaliersperspektive" auf die untere Gartenterrasse. Die präsentiert sich nach einer zwischenzeitlichen Umgestaltung in einen englischen Landschaftsgarten heute wieder so, wie sie ursprünglich angelegt worden war: als von Zierwegen und Zierflächen unterbrochenes Rasenstück, mit einem Brunnen und zwei bronzierten Statuen in der Mitte, eingerahmt von Mauerwerk und bepflanzt mit bunt blühenden Blumen. Die Sonnenuhr oberhalb des Brunnens mit dem Wappen des Grafen Johann Ernst schuf der Weilburger Steinmetz Balthasar Seyfert 1694.

DAS LINDENBOSKETT AUF DER OBEREN TERRASSE

Die absolutistische Pracht war indes nicht von Dauer. Mit der Vereinigung der beiden nassauischen Länder Weilburg und Usingen und der Wahl Wiesbadens als Hauptstadt des neuen Herzogtums Nassau verlor das kleine Städtchen Weilburg 1816 seinen Residenzstatus. Graf Johann Ernst war zu dieser Zeit freilich schon lange tot. Während Ludwig XIV. 72 Jahre lang König von Frankreich und damit der am längsten regierende Herrscher der Neuzeit war, waren seinem Weilburger Bewunderer und Nachahmer genau halb so viele Jahre an der Spitze seiner kleinen

Grafschaft vergönnt: Johann Ernst zu Nassau Weilburg, geboren 1664, starb 1719, nach 36 Jahren an der Macht.

AUS DER FERNE ERKENNT MAN DIE DIMENSIONEN DES SCHLOSSES AM BESTEN

Anfahrt: *Der Weg nach Weilburg führt über die Autobahn 3 bis zur Ausfahrt Limburg Nord, von dort aus weiter über die Bundesstraße 49 Richtung Gießen/Weilburg. In der Stadt ist die Anfahrt zum Schloss ausgeschildert. Vom Bahnhof aus geht man etwa 15 Minuten bis zum Schloss.*
Öffnungszeiten: *Geöffnet ist das Schloss von März bis Oktober täglich außer montags von 10 bis 17 Uhr, in der Zeit von November bis Februar nur bis 16 Uhr.*
Eintritt: *Der Eintritt kostet für Erwachsene 3,50 Euro, ermäßigt 2,50 Euro. Familien zahlen zehn Euro. Eine Schlossführung ist im Eintrittspreis enthalten. Der Schlossgarten ist frei zugänglich und täglich von 8 Uhr bis zum Einbruch der Dunkelheit geöffnet. Führungen müssen vorher vereinbart werden und sind ebenso wie im Schloss auch außerhalb der üblichen Öffnungszeiten möglich. Nähere Auskünfte gibt es unter der Telefonnummer 0 64 71 / 9 12 70.*

13. Schloss Bad Homburg

Sommersitz der Hohenzollern im Taunus

Hätte Landgraf Ludwig V. von Hessen-Darmstadt besser mit Geld umgehen können, gäbe es das Homburger Schloss wahrscheinlich überhaupt nicht. Denn dass die kleine Stadt vor der Höhe des Taunus 1622 in den Rang einer eigenen Landgrafschaft erhoben wurde, lag nur daran, dass der Darmstädter Landgraf Ludwig die üppige Apanage nicht mehr bezahlen konnte, die sein Vorgänger, Landgraf Georg I., seinem jüngsten Sohn hinterlassen hatte: 15 000 Gulden im Jahr. Der Sohn, der von 1585 bis 1638 lebte, erhielt anstelle des Geldes Stadt und Amt Homburg und wurde zu Landgraf Friedrich I. von Hessen-Homburg. Er blieb indes ein Herrscher mit beschränkter Macht: Die landesherrliche Gewalt blieb noch lange Zeit beim Darmstädter Hof; erst 1768 erlangten die Homburger Grafen die Souveränität.

Auf eine standesgemäße Residenz mochten die neuen Herren von Homburg freilich trotzdem nicht verzichten. Sie zu errichten blieb dem jüngsten Sohn des ersten Landgrafen, Friedrich II., vorbehalten. Er wurde, da seine Brüder in der Erbfolge vor ihm standen, zunächst Offizier im Dienste des schwedischen Königs. 1659 musste ihm nach einer schweren Verwundung der rechte Unterschenkel amputiert und durch eine Prothese mit silbernen Scharnieren ersetzt werden, die heute im Schloss ausgestellt ist. Das trug ihm den Beinamen „Landgraf mit dem silbernen Bein" ein. Friedrich II. ist auch das historische Vorbild für den „Prinzen von Homburg" in Heinrich von Kleists gleichnamigem Drama.

1680 ließ er auf den Fundamenten einer aus dem 14. Jahrhundert stammenden mittelalterlichen Burg das Homburger Schloss bauen. Von der ursprünglichen Anlage übernahm er nur den knapp 48 Meter hohen Bergfried, den berühmten „weißen Turm". Er überragte fortan die im Stile des Frühbarocks als Rechteck um zwei Höfe gruppierten Schlossgebäude.

174 STUFEN FÜHREN AUF DEN „WEISSEN TURM" HINAUF

Der untere Hof wird begrenzt durch die Schlosskirche, den Uhrturm-, den Hirschgang- und den Englischen Flügel sowie den überdachten ehemaligen Durchgang zur lutherischen Schlosskirche. Den oberen Hof umschließen der Archiv-, der Königs-, der Hirschgang- und der Bibliotheksflügel. Auch die Verwaltung der Staatlichen Schlösser und Gärten in Hessen, in deren Obhut das Schloss sich heute befindet, ist in den Gebäuden untergebracht.

Der obere Hof ist nach Westen hin offen. Dort gewährt eine Terrasse einen schönen Blick auf den Taunus und den Schlosspark. Wer weiter blicken will, kann die 174 Stufen des „weißen Turmes" nach oben steigen. Von dort hat man freie Sicht über Bad Homburg, die Wetterau und den Taunus, im Süden gar bis in den Odenwald hinein. Dieses eindrucksvolle Panorama genossen nicht nur zahlreiche gekrönte Häupter, sondern auch einige berühmte deutsche Dichter und Denker:

Neben Heinrich von Kleist auch Friedrich Hölderlin, der um 1804 einige Zeit als Hofbibliothekar in Homburg arbeitete (woran auch eine Dauerausstellung im Schloss erinnert), und Johann Wolfgang von Goethe. Der große Frankfurter lustwandelte 1772 mit der Hofdame Luise von Ziegler in den romantischen Parkanlagen. Deshalb heißt eine kleine, etwas versteckt im Boskett liegende Schmuckanlage heute auch „Goethes Ruh'".

Seine Blütezeit erlebte das Homburger Schloss im 19. Jahrhundert. Voraussetzung war, dass Landgraf Friedrich V. von Homburg als einziger der 1803 mediatisierten, also ihrer Hoheitsrechte entkleideten Fürsten 1815 sein an das Haus Darmstadt gefallenes Land zurückerhielt. Es wurde noch vermehrt durch das Amt Meisenheim am Glan, Teil des ehemaligen französischen Départements Sarre. 1818 heiratete Friedrichs Sohn, Landgraf Friedrich VI., die Prinzessin Elisabeth von Großbritannien und Irland, eine Tochter des englischen

DIE TERRASSE IM OBEREN HOF LÄSST WEIT BLICKEN...

... UND AUCH FÜR HOCHZEITSFEIERN EIGNET SIE SICH TREFFLICH

Königs Georg III. Die „englische Landgräfin" brachte eine
stattliche Mitgift in die Ehe ein, und schon bald begann das
Paar, das Homburger Schloss zu einem herrschaftlichen
Wohnsitz im Stil des deutschen Klassizismus umzubauen. Am
deutlichsten zum Ausdruck kommt der Einfluss Elisabeths im
„Englischen Flügel", ihrem Witwensitz, den sie sich nach dem
Tode ihres Mannes 1829 einrichten ließ und der nach langen
Renovierungsarbeiten erst seit 1995 wieder für die Öffent-
lichkeit zugänglich ist.

Und natürlich im Garten: Zwar wurde der alte barocke
Schlosspark schon um 1770 zu einem zwölf Hektar großen
Landschaftspark nach englischem Muster umgestaltet. In dieser Zeit entstand auch der tiefer gelegene gestaltete Gartenbe-
reich mit dem großen Teich, in den man durch das Boskett
gelangt. Die Bepflanzung mit exotischen Hölzern stammt
aber aus Elisabeths Zeit. Die mächtigen Libanonzedern im

EINE DER MÄCHTIGEN LIBANONZEDERN IM OBERGARTEN

Obergarten zum Beispiel waren ein Geschenk des englischen Königs Georg IV. an seine Schwester Elisabeth. Ihren Höhepunkt erreichte die Gestaltung des Parks mit Terrassen, Alleen, Staudengärten und üppig bepflanzten Teppichbeeten auf den Rasenparterres aber erst später unter der Regie der preußischen Hofgartendirektion in Potsdam.

Denn die kleine, aber als souveräner Staat zum Deutschen Bund gehörende Landgrafschaft Homburg fiel nach dem Tod des letzten männlichen Erben 1866 abermals an die Grafen von Hessen-Darmstadt zurück. Die aber mussten – wie gewonnen, so zerronnen – das Land nach dem preußischen Sieg gegen Österreich noch im selben Jahr an Preußen abtreten, das Homburg nur zu gern in seine neue Provinz Hessen-Nassau eingliederte. Schon bald entdeckte das preußische Königshaus die Vorzüge eines geräumigen Schlosses in der Taunusstadt, die inzwischen dank ihrer Elisabethen-Heilquellen und eines mondänen Spielkasinos internationale Bekanntheit erlangt hatte (den Zusatz „Bad" erhielt Homburg gleichwohl erst 1912). Der preußische König und spätere Kaiser Wilhelm I. kam hin und wieder selbst nach Homburg. Vor allem seine Schwiegertochter Victoria aber hielt sich dort gerne und oft auf. Möglicherweise lag das an den überall erkennbaren englischen Einflüssen, denn wie ihre Großtante Elisabeth stammte auch Victoria aus dem englischen Königshaus: Vicky, wie sie oft genannt wurde, war die älteste Tochter von Queen Victoria.

Der Königsflügel: Hier beginnen die Schlossführungen

Im August 1870, während des deutsch-französischen Krieges, kam sie gemeinsam mit ihren sechs Kindern, unter ihnen auch der spätere Kaiser Wilhelm II., zum ersten Mal nach Homburg. Ihr Mann, Kronprinz Friedrich Wilhelm, kämpfte mit seinem Regiment in Frankreich, und in Hessen fühlte sie sich ihm näher als im fernen Berlin. Das Paar schrieb sich während seiner Ehe viele tausend Briefe, die heute im Archiv der Hessischen Hausstiftung im Schloss Fasanerie (siehe nächstes Kapitel) aufbewahrt werden. Victoria blieb bis November in Homburg. Während dieser Zeit ließ sie nicht nur ein Lazarett für verwundete Soldaten an der Oberen Promenade errichten, sondern reiste auch mehrfach

UNTER WILHELM II. WURDEN VIELE RÄUME NEU GESTALTET, ...

an die Rheingrenze, um sich dort um die Behandlung und die Pflege verletzter Soldaten zu kümmern.

Damals konnte sie nicht ahnen, dass sie irgendwann für immer in den Taunus kommen würde. Doch nach dem Tod ihres Mannes, der nach nur 99 Tagen als Kaiser Friedrich III. einem Krebsleiden erlegen war, kam es zum Zerwürfnis mit ihrem ältesten Sohn, dem neuen Kaiser Wilhelm II. Victoria wäre gerne in der Umgebung von Berlin geblieben, am liebsten im Neuen Palais in Potsdam, wo sie mit ihrem Mann dreißig Jahre lang gelebt hatte. Wilhelm verweigerte seiner Mutter jedoch diesen Wunsch, da er selbst dort einziehen wollte. Victoria erwarb daraufhin nach längerer Suche die Villa Reiss in Kronberg und ließ sie zu Schloss Friedrichshof ausbauen, dem heutigen Kronberger Schlosshotel. Die Aussicht, im Taunus, also weit weg vom Berliner Hof, aber trotzdem noch in Preußen, in einem eigenen Haus leben zu können, tröstete sie bis zu einem gewissen Grade über den Verlust ihres alten Zuhauses hinweg.

Bis ihr neues Domizil bezugsfertig war, wohnte Victoria im „Englischen Flügel" des Homburger Schlosses. Damit sie die Bauarbeiten besser beaufsichtigen konnte, wurde eigens für sie ein Reitweg durch den Wald von Oberstedten nach Kronberg angelegt, der heute „Kaiserin-Friedrich-Weg" heißt. An einer kleinen Brücke erkennt man noch immer die eingemeißelten Initialen V und F für Victoria und Friedrich sowie die Jahreszahl 1891.

Auch wenn sich das Verhältnis zu Wilhelm II. in den kommenden Jahren wieder etwas entspannte, sah Victoria von Kronberg aus wohl eher mit gemischten Gefühlen mit an, wie die Familie ihres Sohnes das Homburger Schloss immer öfter als Sommerresidenz nutzte. Wilhelm II. gab zahlreiche Umbauten und Neugestaltungen in Auftrag, etwa den Einbau von Bädern und Wasserklosetts oder die Verlegung elektrischer Leitungen und Telefondrähte. So kann man in den Schauräumen des Schlosses nicht nur zahllose Kunstschätze des 17. bis 19. Jahrhunderts besichtigen, sondern auch die Wandlungen der herrschaftlichen Wohnkultur von der Zeit der Landgrafen bis zu den preußischen Königen und deutschen Kaisern.

... ERHIELTEN BADEWANNEN UND WASSERKLOSETTS

Nach dem Umzug nach Kronberg war Victoria häufig in Homburg zu Gast, nicht zuletzt weil ihr Bruder, der Prince of Wales und spätere König Edward VII., dort regelmäßig Urlaub machte. Sie war auch zugegen, als 1896 der Grundstein für die russisch-orthodoxe Allerheiligen-Kirche im Homburger Kurpark gelegt wurde, im Beisein des russischen Zaren Nikolaus II. und seiner Frau Alexandra, einer Prinzessin aus dem Hause Hessen-Darmstadt. Nicht weit von dem Bauplatz der Kapelle entfernt hatte Victoria einige Jahre zuvor eine Büste Kaiser Friedrichs III. aufstellen lassen. Sie selbst starb am 5. August 1901. Ein Jahr nach ihrem Tod erhielt auch sie ein Denkmal – an der Seite ihres Mannes und in Auftrag gegeben von ihrem Sohn Wilhelm II.

Anfahrt: *Mit dem Auto erreicht man Bad Homburg über die Autobahnen 5 oder 661. Der Weg zum Schloss ist ausgeschildert und leicht zu finden, Parkplätze sind allerdings nur begrenzt vorhanden. Wer öffentliche Verkehrsmittel bevorzugt, nimmt am besten die S-Bahn-Linie 5 bis zum Zielbahnhof Bad Homburg, von dort aus geht man noch etwa 15 Minuten.*

Öffnungszeiten: *Das Schloss ist von März bis Oktober täglich außer montags von 9 bis 17 Uhr geöffnet, von November bis Februar nur bis 16 Uhr. Der Weiße Turm ist an jedem Tag von 9 bis 16 Uhr zugänglich.*

Eintritt: *Der Eintritt kostet für Erwachsene 3,50 Euro, ermäßigt 2,50 Euro. Familienkarten gibt es für zehn Euro. Die Besteigung des Turms kostet für Erwachsene einen Euro, ermäßigt fünfzig Cent. Führungen durch das Schloss finden stündlich statt und sind im Eintrittspreis inbegriffen. Nach vorheriger Vereinbarung sind auch außerhalb der normalen Öffnungszeiten Führungen möglich. Anmelden kann man sich unter der Telefonnummer 061 72 / 9 26 21 50.*

14. Schloss Fasanerie

Barocke Residenz der Fuldaer Äbte

Eines tat Amand von Buseck für sein Leben gern: reisen. Der erste Fürstbischof des Bistums Fulda, der 1685 unter dem Namen Friedrich Franz Ludwig von Buseck in Eppelborn geboren wurde, besuchte nach seiner Aufnahme in das Fuldaer Kloster 1704 unter anderem Holland, Flandern, Paris, Lothringen und das Elsass. Sein besonderes Interesse galt der Architektur und der Gartenkunst dieser Länder, in denen Prunk und Pracht des barocken Zeitalters zu voller Entfaltung kamen.

Wahrscheinlich entstand schon zu jener Zeit der Wunsch in ihm, selber einmal etwas Vergleichbares zu schaffen. Bis es soweit war, vergingen allerdings noch viele ereignisreiche Jahre. 1708 wurde Buseck in Erfurt zum Priester geweiht, 1724 wählte man ihn zum Dekan des Fuldaer Stifts, 1728 wurde er Weihbischof in Fulda, neun Jahre später Fürstabt, 1752 dann schließlich Fürstbischof. Die finanziellen Mittel, die er brauchte, um sich ein Schloss mit Park nach französischem Vorbild bauen zu lassen, standen ihm erst als Fürstabt zur Verfügung. Denn als solcher übte er auch die weltliche Herrschaft über das Kloster Fulda aus und profitierte von den Einnahmen aus Landwirtschaft und Viehzucht.

Das auf Anweisung Bonifatius' zur Missionierung der Sachsen gegründete Fuldaer Benediktinerkloster war schon im 13. Jahrhundert von Kaiser Friedrich II. zur Fürstabtei erhoben worden und dadurch in den Genuss zahlreicher Privilegien gekommen. So war die Abtei zum Beispiel von keinem Fürsten lehnsabhängig und konnte selbst große Territorien erwerben und verwalten. Der Fuldaer Abt erhielt Sitz und Stimme im Reichsfürstenrat des Reichstages und bestimmte so die Politik des Reiches mit. Am 5. Oktober 1752 erhob Papst Benedikt XIV. die Fürstabtei dann sogar in den Rang eines Fürstbistums und Amand von Buseck zum ersten Fürst-

ROMANTISCHER PAVILLON IM SCHLOSSPARK

bischof. Damit war er den Reichsfürsten des Heiligen Römischen Reiches gleichgestellt. Viel höher konnte man damals nicht steigen. Nur die Erzbischöfe von Mainz, Köln und Trier waren noch mächtiger, denn sie wählten, wie 1356 in der Goldenen Bulle festgelegt, zusammen mit vier weltlichen Kurfürsten den deutschen Kaiser.

Als Buseck 1740 mit dem Bauen begann, gab es bereits ein kleines Schloss an der von ihm bevorzugten Stelle. Sein Vorgänger, Fürstabt Anton Adolph Freiherr von Dalberg, hatte es 1710 als bescheidene Sommerresidenz der Fuldaer Äbte errichten lassen. Der von Buseck beauftragte Baumeister Andreas Gallasini erweiterte diesen „Adolphshof" nun von 1740 an zu einer streng symmetrischen hochherrschaftlichen Anlage. Wie bei allen Barockschlössern ging es auch hier vor allem um eines: den Reichtum und die Macht ihres Besitzers herauszustellen.

Gallasini machte seine Sache so gut, dass Schloss Fasanerie heute zu Recht als eines der schönsten Barockschlösser in Deutschland gilt. Schon die Anfahrt aus Richtung Bronnzell über eine zwei Kilometer lange prächtige Allee gibt dem Besucher einen kleinen Vorgeschmack auf die idyllische Lage des Schlosses, „sieben Kilometer südlich von Fulda auf einer

STILLE TEICHE & WEITE WIESEN: DER PARK LÄDT JEDERZEIT ZU EINEM
SPAZIERGANG EIN

leichten Anhöhe, umrahmt von herrlichen Waldungen und
fruchtbaren Feldern", wie es in der Eigenwerbung der Verwaltung heißt. Das Schloss selbst besteht aus zwei lang
gestreckten Flügeln, die die Flanken für einen geschlossenen
Hof und einen nach vorne offenen Ehrenhof bilden. Kava-
lierhäuser, Gittersperren sowie vorgelagerte Wacht- und
Wirtschaftsgebäude ergänzen die Anlage. In letzteren sind
heute die Pferdeställe des Reitclubs Fulda untergebracht.

Man betritt das Schloss über die prächtige Kaisertreppe mit
zahlreichen Büsten und Bildern römischer Kaiser und ihrer
deutschen Nachfahren. Mehr als sechzig Räume sind im
Nord- und Südflügel insgesamt zu besichtigen, wobei das
Inventar der fürstlichen Wohnräume fast ausschließlich aus
dem 19. Jahrhundert stammt, als das Schloss den Landgrafen
von Hessen gehörte. Die barocken Ursprünge sind dagegen
noch gut in den Stuckdecken aus der Erbauungszeit zu entdecken. In gesonderten Schauräumen wird eine wertvolle

HERRSCHAFTLICHE KUTSCHE IN DER EINGANGSHALLE

Porzellansammlung mit Stücken aus Meißen, Sèvres, Kopenhagen und Fürstenberg gezeigt. Auch antike Kunst gibt es zu sehen, von griechischen und etruskischen Vasen über römische Porträtbüsten bis zu Terrakotten und Bronzen. Immer wieder werden Sonderausstellungen im Schloss veranstaltet, wie etwa im Herbst 2007 die Schau „Die Darmstädter Silberkammer – Werke alter Edelschmiedekunst".

ÜBER DIE KAISERTREPPE GELANGT MAN ZU DEN FÜRSTLICHEN WOHNRÄUMEN

Mindestens genauso sehenswert wie das Innere des Schlosses ist der fast einhundert Hektar große Park, der die Anlage umgibt. Kunstvoll arrangierte Baumgruppen, stille Teiche, weite Wiesen und zierliche Pavillons laden nicht nur im Sommer zu einem Spaziergang ein. Ursprünglich war der Park von Buseck als typischer Barockpark mit verschiedenen Terrassen und streng symmetrischer Linienführung konzipiert worden. Seine heutige Gestalt erhielt er erst im 19. Jahrhundert von den hessischen Kurfürsten. Kurfürst Wilhelm II. von Hessen-Kassel ließ ihn von dem Kasseler Hofgartendirektor Wilhelm

NICHT NUR IM JAGDZIMMER, AUCH IN DEN MEISTEN...

Henze 1825 nach englischem Vorbild zu einem Landschaftsgarten umgestalten. Ein guter Ausgangs- oder auch Endpunkt für einen Streifzug durch die teils wilde, teils gestaltete Natur ist die zum Park hin offene Terrasse des Schlossrestaurants. Ein Stück weiter lockt überdies ein Biergarten.

Jedes Jahr im Sommer öffnet Hausherr Moritz Landgraf von Hessen Park und Schloss für „Das Fürstliche Gartenfest Schloss Fasanerie", eine internationale Ausstellung für Gartenkultur und ländliche Lebensart, die regelmäßig zehntausende Besucher anzieht. Sein Sohn Donatus ist Chef der Hessischen Hausstiftung, in deren Besitz sich das Schloss heute befindet. Die Stiftung verwaltet das Vermögen der früheren Landgrafen, Großherzöge und Kurfürsten von Hessen. Neben Schloss Fasanerie gehören dazu das Schlosshotel in Kronberg, das Hotel Hessischer Hof in Frankfurt, ein Weingut im Rheingau und das Gut Panker in Schleswig-Holstein.

Schloss Fasanerie fiel im 19. Jahrhundert an die Hessen, nachdem die einst so mächtigen Fürstbischöfe durch die Säkularisierung ihren Einfluss verloren hatten, auch wenn sie formal den Status von Reichsfürsten behielten. Der Besitz des Fuldaer Fürstbischofs fiel zunächst an Friedrich Wilhelm von Oranien-Nassau, ehe Napoleon die Provinz Fulda annektierte. 1812/13 nutzte die aus Russland zurückkehren-

... ANDEREN RÄUMEN STAMMT DIE EINRICHTUNG ....

... VORWIEGEND AUS DEM 19. JAHRHUNDERT

de Grande Armee Schloss Fasanerie als Lazarett. Nach dem
Ende Napoleons ging das Großherzogtum Fulda, wie das ehemalige Fürstbistum mittlerweile hieß, an das Haus Hessen-
Kassel oder Kurhessen. 1803 war Hessen-Kassel nämlich zum
Kurfürstentum erhoben worden, was aber praktisch bedeu-
tungslos war, da es nach der Auflösung des Heiligen Römischen Reiches deutscher Nation im Jahr 1806 keine Kaiser
mehr zu wählen gab. Trotzdem behielten die Kasseler die
Bezeichnung bei, bis ihr Herrschaftsgebiet 1866 von Preußen
besetzt und annektiert wurde: Im preußisch-österreichischen
Krieg hatte der Kasseler Kurfürst sich auf die Seite der Habs-
burger gestellt und verloren.

DIE ERSTEN SCHAURÄUME WURDEN 1951 ERÖFFNET

Nunmehr in preußischem Besitz wurde Schloss Fasanerie
nach langen Verhandlungen 1878 zusammen mit dem Fuldaer Stadtschloss dem Erben der hessischen Kurwürde, Landgraf Friedrich Wilhelm, zurückgegeben. Der nutzte es fortan
als Sommersitz für sich und seine Frau. Im Zweiten Weltkrieg
wurde das Schloss durch Fliegerbomben schwer beschädigt,
danach aber von Landgraf Philipp von Hessen schrittweise
wieder instand gesetzt. 1951 konnten die ersten Schauräume
eröffnet werden, seit 1972 ist das Museum fertiggestellt.
Heute vermitteln Schloss und Park, besonders an einem schönen Sommertag, mehr als nur eine Ahnung von der einstigen

barocken Pracht. Auch wenn er es so gewiss nicht geplant hatte: Mit diesem Ergebnis wäre wohl auch Amand von Buseck zufrieden.

VON DEN SCHWEREN KRIEGSSCHÄDEN IST HEUTE NICHTS MEHR ZU SEHEN

Anfahrt: *Das Schloss Fasanerie erreicht man am besten über die Autobahn 7 und die Ausfahrt Fulda-Süd oder über die Autobahn 66, der man bis zum Ende folgt. In beiden Fällen fährt man anschließend auf der Bundesstraße 27 in Richtung Eichenzell, die Ausfahrt zum Schloss und der weitere Weg sind beschildert. Ein großer Parkplatz ist am Schloss vorhanden. Mit dem Zug fährt man bis zum Bahnhof Fulda, von dort weiter mit den Buslinien 7 oder 6.*
Öffnungszeiten: *Das Schloss ist von April bis Oktober täglich außer montags von 10 bis 17 Uhr geöffnet.*
Eintritt: *Der Eintritt kostet fünf Euro, ermäßigt 2,50 Euro. Für die Porzellansammlung und Sonderausstellungen werden gesonderte Gebühren erhoben. Kinder bis zu sechs Jahren haben freien Eintritt. Der Eintritt ins Schloss ist nur im Rahmen einer Führung möglich. Führungen beginnen zu jeder vollen Stunde, für Gruppen nach Vereinbarung auch zu anderen Zeiten. Weitere Informationen erhält man unter der Telefonnummer 06 61 / 9 48 60.*

15. NIEDERWALDDENKMAL

DIE WACHT AM RHEIN

Hoch über dem rechten Ufer des Rheins erhebt sich inmitten der Rüdesheimer Weinberge ein Bauwerk, das wie kein zweites in Hessen die Erinnerung an einen der wichtigsten Abschnitte der deutschen Geschichte wachhält. Im Krieg von 1870/71 besiegten die Truppen der Königreiche Preußen, Bayern, Württemberg und des Großherzogtums Baden die französische Armee und machten den Weg frei zur Gründung des ersten deutschen Nationalstaats. Am 18. Januar 1871 wurde der preußische König im Spiegelsaal des Versailler Schlosses als Wilhelm I. zum deutschen Kaiser ausgerufen. Wenig später vereinte Reichskanzler Otto von Bismarck die vier süddeutschen Staaten Bayern, Württemberg, Baden und Hessen mit den Staaten des Norddeutschen Bundes zum Deutschen Reich. Das neue Staatsgebilde bestand aus insgesamt 25 Bundesstaaten, hinzu kam noch das „Reichsland" Elsass-Lothringen, das die Franzosen als Kriegsbeute an die siegreichen Deutschen abtreten mussten.

Die Gründung des Deutschen Reiches war anders als etwa die gescheiterte Revolution von 1848 nicht das Ergebnis einer breiten liberalen und demokratischen Strömung innerhalb der Bevölkerung. Sie war vielmehr eine „Revolution von oben", die zwar mit der Durchsetzung der nationalen Einheit eine der wesentlichen Forderungen der 48er-Revolutionäre erfüllte, zugleich jedoch darauf abzielte, Liberalismus und Demokratie in streng kontrollierten Bahnen zu halten. Anstatt dem Volk mehr Mitsprache zu gewähren, befestigte die neue Verfassung die Macht der Monarchie und die überragende Stellung Preußens im Reich.

Zumindest in den ersten Jahren nach der Reichsgründung bestand allerdings keine Gefahr, dass eine Mehrheit der Deutschen dagegen aufbegehrt hätte – zu groß war die Freude über die errungenen Erfolge. Trotzdem musste der Regierung in

Berlin daran gelegen sein, der äußeren möglichst schnell auch eine „innere" Reichsgründung folgen zu lassen. Denn viele Menschen fühlten sich noch immer in erster Linie als Preußen, Sachsen, Bayern oder Württemberger, und nicht als Deutsche.

Eine der Maßnahmen, mit denen Loyalität und Sympathie der Bevölkerung für Kaiser und Reich geweckt werden sollten, bestand darin, die errungenen Erfolge zu glorifizieren und ihnen weithin sichtbare Zeichen zu setzen. Allenthalben entstanden deshalb nach 1871 Ehrenmale für die Gefallenen, Denkmäler, Türme und Brunnen. Die größten und wichtigsten sind die Siegessäule in Berlin, das Hermannsdenkmal im Teutoburger Wald, die Reiterstandbilder Wilhelms I. in Berlin, Koblenz und auf dem Kyffhäuser – und eben das Niederwalddenkmal.

Die Idee dazu hatte der Wiesbadener Schriftsteller Ferdinand Heyl erstmals im April 1871, wenige Monate nach

ALLEGORIEN, RELIEFS UND GRAVUREN ERZÄHLEN DIE GESCHICHTE DER DEUTSCHEN EINHEIT

Kriegsende, in einem Artikel im „Rheinischen Merkur" geäußert. Über den Rüdesheimer Landrat und den Regierungspräsidenten von Wiesbaden, den späteren preußischen Ministerpräsidenten Botho Graf zu Eulenburg, gelangte der Vorschlag bis nach Berlin. Der Kaiser und Bismarck hatten keine Einwände, so dass schon kurze Zeit später ein eigens eingerichtetes Komitee mit der Bauplanung beginnen konnte. Die veranschlagten Kosten von 250 000 Mark hoffte man durch Spenden der Bevölkerung decken zu können. Am Ende kostete das Denkmal jedoch weit mehr als erwartet, nämlich fast 1,2 Millionen Mark, und nicht einmal die Hälfte davon ließ sich durch Spenden finanzieren.

Nachdem mehrere Ausschreibungen zu keinem zufriedenstellenden Entwurf geführt hatten, wurden schließlich der Dresdner Bildhauer Johannes Schilling und der ebenfalls aus Dresden stammende Architekt Karl Weißbach mit der Gestaltung des Denkmals beauftragt. Den Sockel fertigte die Firma Philipp Holzmann aus Frankfurt. Kaiser Wilhelm I. reiste persönlich nach Rüdesheim, um der Grundsteinlegung am 16. September 1877 beizuwohnen.

Nach einer Bauzeit von sechs Jahren wurde das Niederwalddenkmal am 28. September 1883 in einer feierlichen Zeremonie enthüllt. Wiederum war der Kaiser an den Rhein gekommen. Bismarck dagegen blieb der Veranstaltung demonstrativ fern, so wie er auch schon bei der Grundsteinlegung gefehlt hatte. Das Denkmal missfiel ihm, die Germania fand er zu groß, den Kaiser und sich selbst zu klein.

Es war in der Tat eine gigantische Figur, die die Erzgießerei Ferdinand von Miller in München aus 1 500 Zentnern Metall erschaffen hatte: Fast zwölfeinhalb Meter misst die Germania vom eichenlaubumkränzten Scheitel bis zur Sohle, mehr als zwölf Meter hoch ist auch der Sockel, auf dem sie steht, die Reichskrone in der erhobenen rechten, ein nach unten gesenktes Schwert in der linken Hand. Nimmt man das 13,37 Meter hohe Postament hinzu, ergibt sich eine Gesamthöhe von 38,18 Meter.

Das Niederwalddenkmal sollte aber nicht allein durch seine schiere Größe beeindrucken. Es sollte genauso dazu dienen, die Geschichte der deutschen Einheit zu erzählen und für alle Zeiten festzuschreiben. Diesen Zweck erfüllten die zahlreichen Allegorien, Reliefs und Gravuren auf dem Postament und dem Sockel. Das Hauptrelief auf der Vorderseite des Denkmals zeigt Kaiser Wilhelm I. hoch zu Ross, umgeben von den deutschen Fürsten und Generälen. Insgesamt 133 Personen sind nahezu in Lebensgröße dargestellt, viele von ihnen als Porträt.

So erkennt man rechts neben Wilhelm I. Bismarck, in der Hand die Reichsgründungsurkunde, den preußischen Generalfeldmarschall Helmuth Graf von Moltke, Prinz Karl Friedrich, Kronprinz Albert von Sachsen und den preußischen General Edwin Freiherr von Manteuffel. Links neben dem Kaiser stehen sein Sohn, Kronprinz Friedrich Wilhelm, der preußische General Julius von Hartmann, der bayerische General Ludwig Freiherr von und zu der Tann, daneben ein hessischer Jäger und ein preußischer Kanonier.

Eingerahmt wird das Relief von zwei Allegorien: auf der linken Seite der Krieg in Gestalt des Erzengels Michael, in der einen Hand das Schwert, in der anderen die Fanfare, auf der rechten Seite der Frieden mit Lorbeerzweig und einem Füllhorn voller Früchte, auf dem Kopf einen Blütenkranz, auf dem Rücken Flügel aus Schwanenfedern. Die beiden Allegorien werden durch Reliefs auf den Seiten des Denkmals fortgesetzt. Während das linke Seitenrelief den „Abschied der Krieger" zeigt, feiert das rechte ihre Heimkehr – jetzt übrigens in einheitlichen Uniformen.

Unterhalb des Hauptreliefs prangt der Text des Liedes „Die Wacht am Rhein", das Max Schneckenburger 1840 verfasst und Karl Wilhelm 1854 vertont hatte. Der Refrain lautet: „Lieb' Vaterland, magst ruhig sein: Fest steht und treu die Wacht, die Wacht am Rhein!" Die Worte klingen heute ähnlich pathetisch wie die Inschrift auf dem Sockel darüber: „Zum Andenken an die einmuethige siegreiche Erhebung des deutschen Volkes und an die Wiederaufrichtung des Deutschen Reiches 1870–1871."

Damals sollten sie nicht nur dem Zeitgeist Ausdruck verleihen, sondern noch einmal unterstreichen, dass das neue Reich der legitime Nachfolger des 1806 untergegangenen Heiligen Römischen Reiches Deutscher Nation war und dass das gesamte Volk „einmuethig" für dieses Ziel gekämpft hatte – eine Vorstellung, die mit der Wirklichkeit nicht viel gemein hatte. Den Sockel zieren der Reichsadler und die Wappen der deutschen Staaten, seitlich sind außerdem die Namen der Städte angebracht, die während des Feldzugs belagert oder eingenommen worden waren.

Trotz des unverhohlenen Triumphes über den großen Sieg, der in all dem zum Ausdruck kam, war das Niederwalddenkmal nicht dazu gedacht, das unterlegene Frankreich zu demütigen. Bewusst hatte man beim Gießen der Germania auf die Verwendung geschmolzener französischer Kanonenrohre verzichtet, und auch die gegen Frankreich gerichtete vierte Stro-

NACH FRANKREICH ODER IN DEN RHEINGAU: WOHIN BLICKT DIE GERMANIA?

phe der „Wacht am Rhein" findet sich nicht auf dem Postament. Auch dass die Germania provokativ gen Frankreich
blickt, ist ein weit verbreiteter Irrtum: Tatsächlich schweift ihr
Blick nach links in den Rheingau, über die Stadt Rüdesheim
und die Rüdesheimer Aue, vielleicht auch noch über Bingen
auf dem gegenüberliegenden Rheinufer. Allein die dem
Hauptrelief vorgelagerte Allegorie, in der Vater Rhein seiner
Tochter, der Mosel, das Signalhorn übergibt und so deutlich
macht, dass nicht länger er, sondern die Mosel über die Deutschen wacht, enthält eine Spitze gegen den „Erbfeind" im
Westen: Die Grenze hat sich verschoben, das Elsass ist jetzt
deutsches Staatsgebiet.

Über das alles kann man trefflich sinnieren, wenn man
heute entweder mit dem Auto, zu Fuß oder – am schönsten –
mit der Seilbahn aus Rüdesheim oder Assmannshausen kom-
mend das Niederwalddenkmal besucht. Man kann, muss aber
nicht. Denn einmal auf dem Plateau hoch über dem Rhein
angelangt, nimmt die atemberaubende Aussicht auf den Fluss
und die ihn umgebenden Dörfer, Felder und Hügel manchen
vielleicht weit mehr gefangen als die Erinnerung an eine
längst vergangene Zeit.

Anfahrt: Um zum Niederwalddenkmal zu gelangen, folgt
man der Bundesstraße 42 entlang des Rheins bis Rüdesheim oder Assmannshausen. Der Weg zum Denkmal ist
von dort aus beschildert, Parkplätze gibt es gegen Gebühr.
Empfehlenswert ist auch ein Fußmarsch auf einem der
Wanderwege durch das malerische Weinanbaugebiet. Von
Assmannshausen und von Rüdesheim aus führt außerdem
eine Seilbahn auf das Plateau der Germania.

Öffnungszeiten: Wer gerne einmal über Reben schweben
möchte, kann das von März bis Oktober gegen eine
Gebühr von 6,50 Euro für Hin- und Rückfahrt oder
4,50 Euro für eine einfache Fahrt tun. Kinder unter
14 Jahren zahlen drei bzw. zwei Euro. Das Niederwalddenkmal ist das ganze Jahr über kostenlos zugänglich.

Ausgewählte Literatur:

Gerd Bauer / Heiner Boehncke / Hans Sarkowicz, Die Geschichte Hessens. Von der Steinzeit bis zum Neubeginn nach 1945, Frankfurt 2002

Günther Binding, Als die Kathedralen in den Himmel wuchsen. Bauen im Mittelalter, Darmstadt 2006

Günther Binding, Deutsche Königspfalzen. Von Karl dem Großen bis Friedrich II. (765–1240), Darmstadt 1996

Sabine Buttinger, Hinter Klostermauern. Alltag im mittelalterlichen Kloster, Darmstadt 2007

Die Deutschen und ihre Nation. Siedler Deutsche Geschichte, Sonderausgabe in zwölf Bänden, Berlin 1994

Caspar Ehlers (Hg.), Orte der Herrschaft. Mittelalterliche Königspfalzen, Göttingen 2002

Horst Fuhrmann, Einladung ins Mittelalter, München 1987

Gudrun Gleba, Klöster und Orden im Mittelalter, Darmstadt 2006

Hessen. Geschichte und Politik, hrsg. von Bernd Heidenreich und Klaus Böhme, Stuttgart 2000
(Schriften zur politischen Landeskunde Hessens; Bd. 5)

Frank-Lothar Kroll, Geschichte Hessens, München 2006

Thomas Nipperdey, Deutsche Geschichte 1866–1918, 2 Bde., München 1995

Pierre Riché, Die Welt der Karolinger, Stuttgart 1981